CW01646915

Le mal des fantômes

Éditions Verdier
11220 Lagrasse

Du même auteur

aux éditions Verdier

Le voyageur n'a pas fini de voyager
P. Beray et M.Carassou ed., 1996.

Écrits pour le cinéma
« Verdier/poche », 2007.

Benjamin Fondane

Le mal des fantômes

Édition établie par Patrice Beray et Michel Carassou
avec la collaboration de Monique Jutrin

Liminaire d'Henri Meschonnic

Publié avec le concours du
Centre National du Livre

éditions **Non lieu**
Verdier / poche

www.editions-verdier.fr

ISBN : 978-2-86432-485-0
ISSN : 1952-2134

Benjamin Fondane, le retour du fantôme

par Henri Meschonnic

Le Mal des fantômes devait être le titre des « œuvres complètes » de Benjamin Fondane, après avoir été le « chef-d'œuvre de sa 45e année[1] ». L'œuvre poétique française s'inachève avec *L'Exode. Super flumina Babylonis* (1934-1943). Après, c'est Drancy et Birkenau. Elle commençait double, en 1933, avec le poème *Ulysse* et *Rimbaud le voyou.* Poème et pensée du poème, et par là de toute pensée. Une défense de la poésie, le rejet de l'opposition des philosophes entre l'affect et le concept.

D'où une pensée en conflit, dans *Faux traité d'esthétique* et sans cesse. Certains l'ont vu comme un mystique, par son rapport à Chestov. Mais toute sa poésie, toute sa pensée sont « l'expérience du gouffre ». C'est du mysticisme pour le signe parce que le signe ne comprend rien quand Fondane dit qu'« en prenant conscience du fait poétique, et en s'offrant de le rendre pur, autonome, absolu, le poète *travaillait contre la poésie*[2] ». En quoi il n'y

1. Ce qu'il disait du recueil de 1942-1943 dans une lettre à Jean Ballard, directeur des *Cahiers du Sud.* Et selon le souhait d'une lettre à sa femme, écrite de Drancy le 29 mai 1944, comme l'a signalé dans son essai Patice Beray.

2. Dans *Faux traité d'esthétique.*

a rien de mystique chez Fondane, mais le sens poétique du continu entre le poème et la vie, disant qu'il écrit « de région profonde à région profonde[3] ».

Il a fait un film, il a écrit sur le cinéma, sur la philosophie, et ses conflits avec la poésie, mais c'est avant tout parce qu'il est le poète qu'il est, dans sa révolte, qu'il se rapproche plus de Dada et d'Artaud que des surréalistes, dans un vivre le poème. En quoi c'est une voix épique: « Tout seul je suis la route humaine » (dans *Ulysse*).

Le Mal des fantômes, titre collectif, reprend le titre des poèmes de 1942-1943. La « Préface en prose », datée 1942, est une auto-prophétie écrite par quelqu'un qui est déjà mort, avec une allusion forte au Juif traqué et voué au massacre.

Cette situation de voix, de derrière la mort, est comme le sens d'un destin chez Fondane, car c'est ainsi qu'il commençait déjà ses poèmes roumains, *Paysages*, dans une préface de 1929 intitulée *Mots sauvages*: « Le présent volume appartient à un poète mort vers 1923 à l'âge de vingt-quatre ans. » Puis: « Mort? Non, assassiné. »

Il sait dire l'inconnu du poème: « Quoi?... Je n'ai pas très bien compris... je ne comprends pas encore... Quelque chose qui modifie la réalité? Non... quelque chose qui me modifie... Moi? Mais qui? Et qui suis-je? » *(Mots sauvages)*. Toute la question du sujet du poème.

Le Mal des fantômes est composé. Ce n'est pas seulement un recueil de tous les poèmes français de Fondane. Il commence par *Ulysse*, mais selon une version avec des ajouts et des variantes du temps de guerre. Puis *Le Mal des fantômes* de 1942-1943. *Titanic*, ensuite, est de 1937, avec des suppressions. *L'Exode* est de 1934, mais la « Préface en

3. Dans un discours non prononcé au Congrès des écrivains de 1935, dans *L'Écrivain devant la révolution*, Paris-Méditerranée, 1997.

prose » qui le commence est de 1942, et *Intermède* est de 1942-1943. Quant *Au temps du poème*, c'est 1943-1944, en terminant sur un poème daté juin 1940.

De même que « Préface en prose » est écrit d'avance par un mort, *Ulysse*, dès l'épigraphe initiale, commence « *dans la mort* », où se brouille toute distinction entre sa mort et celle des autres : « J'étais un grand poète né pour chanter la Joie / mais je sanglote dans ma cabine » et « je suis enceint de ta mort ». Benjamin Fondane s'écrit d'avance mort : « car le désastre tomba. Je le savais. / Il était enfoui en moi depuis longtemps / je le portais en moi » *(Poèmes épars)*.

La mort, la vie, la différence se brouille : « La mort était somnolente, oublieuse, [...] / et SOUDAIN elle vint, elle coula en moi / comme le lait vivant dans le sein de la femme » *(Ulysse)*.

Le Mal des fantômes commence par un « Non lieu », constat de l'inconnu nommé « poésie » – « Quelque chose de plus fort que moi, de plus *délibéré*, me tire en arrière, me propulse en avant. »

Sa force, c'est le lien chez lui entre « d'autres nous » et « histoires de fantômes ! » *(Le Mal des fantômes* VI*)*, « car à présent c'est notre tour » (IX), avec des expressions frappantes : « Pas même seul. Des tas. Des tas de SEULS ! » (XII) et « "Des tas !" Je les ai vus. J'étais du nombre ! » (XII). Pas d'autre rime à « seuls » que « linceuls ».

Le mot *fantôme* était dans *Titanic*, dès 1937 : « congrès de fantômes debout » (I). Il implique à la fois de l'irréel et de la mort : « le sang est froid qui coule des fantômes » *(Villes* V*)*, « Est-ce une invasion de fantômes ? » *(Villes* VI*)*. Puis, dans *Au temps du poème* : « une odeur / de vieilles gens en train de devenir fantômes ».

Peu à peu on sait de qui il s'agit : « Le monde meurt. En route, vieux fantômes ! » *(Le Mal des fantômes* XXI*)* et « on nous ramassera sur les trottoirs » *(ibid.)*. Ce que seul Fondane pouvait dire. Dans *Au temps du poème*,

« fantômes » et « Juifs » se rejoignent: « "Pourtant, ce murmure de psaumes! / Ces torches de suif! / Ce sont sûrement des fantômes!" / Non Reine, des Juifs, / qu'on chasse de tout le royaume » *(Berceuse de l'émigrant)*. Avec: « Si vous étiez nés paysans, si j'étais né fantôme » *(Au temps du poème)*.

C'est que « juif » est d'emblée, dans *Ulysse*, une présence mythique: « Juif, naturellement, tu étais juif, Ulysse » et selon une « fin du monde ». Une sorte d'écho macabre entre *mal* et *bal* se prépare dès 1934, par « le bal des lumières », dans *Variante*, et, dans *Ulysse*: « Nous avions l'air d'inconnus qui ont dansé à un bal. »

Une misère à la Charlot: « ville de petits Juifs accrochés à l'air » *(Ulysse)*, et « Juif errant », bien sûr *(Le Mal des fantômes* XIV*)*. Ulysse? c'est « les émigrants ne cessent d'escalader la nuit / ils grimpent dans la nuit jusqu'à la fin du monde », et « les pogroms de l'Ukraine vous ont chassés des villes / vous n'aviez que votre vie dans les valises », « vous n'arrivez jamais et vous partez toujours ».

Le mot « juif » lui-même est rare, l'implicite est plus fréquent, et toujours dans le sordide et la dérision: « vous rêvez des ponts de troisième où des Juifs chassieux / sanglotent en hébreu, assis sur des caisses d'oignons / ils pleurent immobiles, perclus d'étoiles froides / et personne ne les attend de l'autre côté de la nuit » *(Titanic, Villes* II*)*. Et dans *Villes* VIII: « Dans le quartier du Temple, près de la synagogue, / les Juifs faisaient descendre le prix du diamant. / Cette baisse jetait un froid dans les prières / Dieu lui-même mourait couvert de mouches vertes / à côté des culottes déteintes de bretelles, / de monceaux de savons et de parfums en vrac. » Dans *Titanic*, *Radiographies* I, *Radiographies* II: « les mêmes juifs râpés qui ont beaucoup servi / retournent à la circulation / du sang, des choses, du destin », et *Radiographies* III. Il y a un mélange de fuyards de toutes sortes: « et des Tchèques, et des Polonais, des

Slovaques / et des Juifs de tous les ghettos de ce monde, / qui aimaient cette terre et ses ombres et ses fleuves, / qui ont ensemencé de leur mort cette terre / et qui sont devenus français, selon la mort » *(L'Exode*; *Intermède* V*)*. Suivi de : « Que de Juifs sur cette terre, Seigneur ! et qui sans doute / T'ont oublié, cous raides et têtes fortes » *(Intermède* VII*)* et « en une langue que j'ai oubliée, mais dont / je me souviens aux soirs émus de Ta Colère : / "*Adonaï Elochenu, Adonaï Echod*" ». Selon une prononciation yiddish, en hébreu c'est *e'had* : Adonaï est notre Dieu, Adonaï est un. Formule qui revient deux fois. L'histoire actuelle toute mêlée au mythe : « J'étais venu de loin, de plus loin que l'Histoire ! » et « J'avais / fait la mer Rouge à pied » *(Intermède* X*)*.

Dans l'*Exode*, un poème joue à mimer le *Chant des chants*[4]. Quelques mots d'une prière en hébreu : « Il gémit de temps en temps *Ribono Schelolam* » (Maître du monde), là où « il a la charge de ce convoi d'émigrants » et « il pense au pogrom » *(Ulysse)*. Transposition d'un autre exode : « Que de fois faudra-t-il que la Mer Rouge s'ouvre », et « la sortie de l'Égypte n'était-elle qu'une figure / de cette fuite éperdue le long de l'histoire future » *(Ulysse)*. Ce qui situe : « il ne comprend rien à ce meeting de fantômes » *(Ulysse)*. Hors-vie, hors-mort : « Quelle musique peut guérir / le cœur captif, le mal de ce fantôme / las de toujours renaître, pour périr ? » *(Le Mal des fantômes* XV*)*.

À la fois « je ne saurai jamais me résigner » *(Ulysse)* et un désespoir, une dépersonnalisation : « Que ne peut-on ôter son visage de jour / – et dormir sans figure ! » *(Ulysse)*. Où « paradis » appelle « parodie », tout d'avance annulé : « Que de fantômes, pour vivre, ai-je trahi ? Je ne sais »

4. Celui qui commence par « Mais près du feu, autour de nous… », le *Chant des chants*, communément le *Cantique des Cantiques*.

(Ulysse). Ulysse, c'est lui et les autres : « Je ne songeais pas, camarades, / qu'un jour nous referions ce voyage d'Ulysse » *(Ulysse)*.

Avec les mots les plus familiers, c'est une épopée : « Dans la viande sauvage des hommes j'ai semé le Messie, / l'heure était là du sang, / cent fois j'ai été égorgé, brûlé, fusillé et pendu, / sous la barbe de Dieu j'avançais du temps que j'étais nu » *(Titanic)*. Unanimisme que reprend *Intermède* : « À la fin on n'était plus / qu'une seule personne immense qui fuyait » (XII). Ce qui ne permet aucune réduction à du juif.

C'est la grande force de *Préface en prose*, avec la reprise, *super flumina Babylonis,* des trois premiers mots du psaume 137[5]. Continuité mythique, et qui universalise : « Je parle d'homme à homme », d'au-delà de la mort : « Oui, j'ai été un homme comme les autres hommes », mais sans effacer une spécificité allusive : « Un visage qui avait servi à tout le monde / de crachoir », et qui revient justement à « un visage d'homme, tout simplement » 1942.

L'étoile jaune, c'est deux fois un poème aux strophes surtitrées des noms des lettres de l'alphabet hébreu. Une postface rappelle que ce poème de *L'Exode* était de 1934, « à un moment où l'auteur était fort loin de penser qu'il prophétisait ».

C'est une poésie visionnaire : « J'ai vu les nuages venir / le sang était plein de nuages / il y en avait dans les yeux / et sur la nappe où l'on mange. » Dans un appel à la révolte : « Sachez qu'une goutte de sang / est une trompette éternelle ! »

Et les fleuves reviennent, intériorisés : « que de fleuves déjà coulaient dans notre chair. » Ou : « Qu'allons-nous

5. « Sur les fleuves / de Babylone //où dans nos chaînes / oui dans nos larmes /// Nous nous souvenions // de Sion », dans ma traduction, voir *Gloires*, Desclée de Brouwer, 2001.

faire si les fleuves / l'un après l'autre nous quittaient ? » *(Intermède* III*)*. Puis le fleuve de Babylone devient la Seine. Le sang devient « le fleuve originel, le cri premier, la voix » *(Intermède* XV*)*. Sur quoi revient le psaume 137 : « Comment voulez-vous que je chante sur une terre étrangère ? » Mais « Où est-il donc leur Dieu ? Il n'y a pas de Dieu ! », que reprend : « Dieu est mort ? Eh ! sans doute. Mais n'est-ce pas notre tâche / de le ressusciter. »

Ce langage est d'une invention qui n'est qu'à Benjamin Fondane : « toutes les femmes du sable ont bu à ma gorge », des visions telles que : « tu n'as pas vu dans l'œil épouvanté des routes / courir les gros nuages roux » *(Intermède* XIII*)*. Le sens : « qu'est-ce donc que l'Exode ? Si ce n'est pas vraiment une chose éternelle / – qu'est-ce donc ? » *(Intermède)*.

Au temps du poème reprend un jeu où les rimes, la métrique jouent la nostalgie d'un monde ancien, avec un jeu sur le jeu : « Oui, le vers est là : / anapeste, ïambe. / Ça vous fait, n'est-ce pas / une belle jambe. » Avec une *Épitaphe* pour « Isaac Laquedem / un peu trop porté sur l'extrême, / enfant du vieux Sem ».

De tous les poètes ses contemporains, pas un, ni même ceux qui ont été dans la Résistance, pas un n'a écrit la révolte et le goût de vivre mêlé au sens de la mort comme Benjamin Fondane. Sa situation de fantôme lui-même, y est sans doute pour quelque chose : un émigrant de la vie traqué sur les fleuves de Babylone. Mais c'est parce qu'il est avant tout le poète qu'il est, avec ses folies et ses fantaisies de langage, qu'il est aussi, dans ses essais, le seul et même sujet d'une pensée du poème. Contre les dualismes de la philosophie, il est dans le continu de la vie à partir du poème et du poème à partir de la vie. Par là il est présent.

Ulysse

à Armand Pascal
dans la mort…

Et c'est l'heure, ô Poète,
de décliner ton nom,
ta naissance et ta race
Saint-John Perse, *Exil.*

No retreat, no retreat
They must conquer or die
who have no retreat…
Mr. Gay

J'étais un grand poète né pour chanter la Joie
– mais je sanglote dans ma cabine,
des bouquets d'eau de mer se fanent dans les vases
l'automne de mon cœur mène au Père-Lachaise,
l'éternité est là, œil calme du temps mort
est-ce arriver vraiment que d'arriver au port ?
Armand ta cendre pèse si lourd dans ma valise.

Voici ta vie immense qui fait sauter les ponts.
Tu sais nager, je sais, mais que le fleuve est long !
Nous étions écrasés par cette lumière inhumaine.
Pourquoi chanter à tue-tête ? Gorge pleine
qui ne demande qu'à chanter ?
Si le château était hanté ?
si les dieux s'amusaient à nous prendre pour cible ?
Tu es entré vivant aux mains du dieu terrible
et jusque dans la mort tu es resté vivant…
… Que le flot ne veut-il m'emporter ?
Océan
ta vague furieuse fouette le vieil automne !

À l'hôpital cette blancheur d'angoisse, jaune.
Que de bateaux ici chassés par les typhons,

blessés dans leur ferraille tendre
ont coulé par le fond !
Des visiteurs parfois y entrent en scaphandres
qui gardent en esprit la corde qui les lie
au monde extérieur. Ils pensent à ce monde
tout le temps qu'ils sont là, penchés sur quelque lit,
et les mourants y pensent aussi et des bulles d'air montent
à la surface. Mais que font donc les vivants ?
qu'attendent-ils pour mettre en marche les poulies ?
Le film, le film est-il tellement captivant
que projette la mort sur l'écran de la vie ?
Oh que ta voix est lasse
laisse-moi près de ta voix
splendide, tu jouais avec le ciel d'en face
je veux dormir près de tes mains
le grand rideau tombait avant la fin et cependant
la vie applaudissait de se sentir émue
dans les cris d'autobus, les accidents, les bris,
elle applaudissait à tout rompre
– pourquoi ne pas venir saluer le public ?
Une aube d'au-delà sur ton visage tremble…

Ami, ami nous étions venus de loin, ensemble,
unis comme les branches des ciseaux
pépins d'un même fruit
le même rêve à partager, le même pain
la même soif plus grande que le monde.
Nous avions de quoi conquérir plus qu'un monde :
Nous aura-t-on trompés, rusés ?
Sisyphe, vieux Sisyphe que tu es donc usé !
Céderas-tu ? consentirais-je
au seul droit de la force ?
Ce n'était rien, un piège.
Il ne faut pas céder. Pas d'issue, pas d'issue !
Ils doivent périr ou vaincre ceux qui n'ont point d'issue !

Quelle barque jamais, au royaume des cieux,
aborda sans péril, par calme plat ? Tes yeux
se sont peut-être ouverts ailleurs. Mais la tempête
ce soir t'a rejeté sur nos bords. Salut, mouette !
Entends-tu l'océan pendant que tu es là ?
Tu es au moins aussi vivant que moi,
tu es mon rire et ma mémoire
je suis enceint de ta mort
je te porte plus haut que mon buste,
je hais la mort, je hais la vie.
J'ai si grand pitié des hommes
je me hais et je m'aime
pardonne-moi d'être vivant, d'écrire des poèmes,
je suis encore là mais je parle aux fantômes !
Est-il réponse ou non aux questions de l'homme
quelque part ? Et le dieu existe-t-il, le Dieu
d'Isaïe, qui essuiera toute larme des yeux
et qui vaincra la mort –
quand les premières choses seront évanouies ?

◆

Cette nuit une lampe oubliée, allumée,
vacilla tout à coup en moi comme un oiseau
l'aile meurtrie et déplumée…
Était-ce bien le *même* monde ?
était-ce un monde renversé ?
… Elle était là encore la Terre, elle était ferme,
et pourtant j'entendais ses craquements futurs
– il ne faut pas s'y attarder
– il ne faut pas lui faire confiance,
quelque chose aura lieu. Quelque chose, mais Quoi ?

Les événements couraient les uns après les autres
ils se suivaient au galop,
leur chevelure était fuyante
– à quoi bon regarder en avant, en arrière ?
ce fleuve allait, bien sûr, m'emporter dans ses eaux
la vie allait, bien sûr, me traverser de part en part
– je vous salue, ô richesses !
que ferais-je à présent de tous ces rubans de lumière,
de ces choses qui naissent de l'eau, du crépuscule,
j'errais aveugle dans le pas perdu des gares
je demandais aux trains le but de mon voyage
pourquoi voulais-je aller si loin, quitter mon lit,
nourrir ma fièvre de banquises ?
Juif, naturellement, tu étais juif, Ulysse,
tu avais beau presser l'orange, l'univers,
le sommeil était là, assis, les yeux ouverts,
l'espace était immangeable,
le sang mordait au vide et se sentait poreux
un gros poisson touchait au monde, de sa queue
– son cri était long et sordide…

… la fin du monde et moi, ici, sur le balcon ?
J'appelais au secours, d'une voix d'exception
mais à quoi bon me plaindre, geindre ?
Un bonheur inconnu me léchait les reins,
je criais d'être libre, heureux, mais l'épouvante
me jetait un soleil cruel, à peine mûr,
il pourrissait au contact de mes mains
– qu'en ferais-je ?

Seul ! J'étais seul au monde avec moi-même,
feuille morte pareille à une feuille morte.

Préface

Il y avait longtemps
que le spectacle était commencé de l'Histoire
on en avait déjà oublié les débuts
les origines fabuleuses,
quand je suis né au monde
au milieu de l'Intrigue
comme un événement prévu depuis toujours
et cependant comme une surprise
un personnage inquiétant
qui pouvait tout laisser en place, qui pouvait tout changer,
le sens de l'action, la trame des mobiles,
qui avait sur le texte établi de toujours
l'ascendant prodigieux, étrange du vivant
le droit de bafouiller les meilleures répliques
d'improviser un monde en marge de l'Auteur
et tout à coup, malgré le Plan,
s'introduire soi-même au sein du personnage
en criant, excédé, vers le public des loges
« Il n'y a pas assez de réel pour ma soif! »

I

Variante

Le monde s'ouvre en nous par la vue des navires
qui partent – comme ils partent leur chevelure au vent
qui rentrent – comme ils rentrent, vieillis et décrépits,
dans le bal des lumières,

dans la fête d'adieu des ports,
pareils à des infirmes
assis, pendant qu'on danse !

Le monde s'ouvre en nous par des matins immenses
(en ai-je vu briller aux cils de l'océan !)
par des fées enfermées
dans le noyau des fruits où les enfants ont peur,
par des tapis jetés sous les pieds de la Reine
(comme elle avance calme dans le pays des palmes)
par des chansons de nègres sur le Mississipi
(ont-ils été aussi chassés du Paradis ?)
et tout à coup par des pays de cheminées,
des asiles de nuit
où s'écoulent les eaux verdâtres de l'humain
en ai-je vu ? et par des tripots clandestins,
des Parques de l'ennui
qui tricotent des bas de laine pour les morts.

Le monde s'ouvre en nous (où en es-tu ma Soif?)
par un mélange huileux de races et de langues,
par le murmure long et doux des épitaphes
(où ? quand ? dans quelles landes ?)
– par des marins de sable qui demandent du sable,
perdus dans le sable, cherchant un monde à oublier
– par le vomissement sans fin de l'incurable
criant pour s'entendre crier
(oh ! les nuits et leur peine !)
– par les danseuses ivres des jours et des semaines.

– N'avons-nous pas assez navigué dans la poisse,
sans demander quartier, sans implorer merci ?
Il est temps de fermer les portes, temps d'éteindre

la lampe. Il est grand temps
de signer cette fresque qu'on a fini de peindre
– et qu'emporte le vent.

◆

II

J'ai quitté les trottoirs de la ville pour d'autres trottoirs
 de villes,
les millions d'hommes pour d'autres millions d'hommes,
les mêmes à n'en plus finir,
je n'en avais jamais assez !
Pourquoi me suis-je déplacé ?
Les mots se meurent de changer de bouche,
la chance s'use de fournir les dés.
Quel curieux voyage j'ai fait parmi les hommes,
que de routes avons-nous parcourues ô mon œil
et quel étonnement à chaque tournant neuf
que les matins fussent les mêmes,
que les hommes eussent même visage,
vieux canots amarrés aux pontons pourrissants,
existences jaunies –
ne savais-je donc pas leur racine enfouie
sous terre – et le voyage inutile, et la soif ?
C'est dans leur tubercule qu'il y avait du neuf !
Miracles de la faim, du froid,
vous êtes si plein de figures !

Que le monde était plein quand nous avons quitté
le port ! Était-ce une vue ou bien une vision ?
Et maintenant que les mers ont salé mes poumons
mouette vieillie, espoir usé et ébruité
je ferme le vieux livre et je dis : À quoi bon ?

Pourquoi tant d'eau multipliée par tant d'eau,
tant de terre ?
L'Homme est peut-être roi de ce monde, mais moi
mais vous, toutes ces ombres usées par la colère,
la pitié et l'envie de n'être nulle part,
qu'y cherchons-nous ? Vous ai-je inventées ? Mon regard
est las. Que font les hommes ? Sont-ils absents
    d'eux-mêmes ? –
Ou bien, rongés de fièvres secrètes comme nous,
revenus d'un voyage où eux aussi avaient
vu des êtres, des ports et des mers insensées,
des choses éternelles, si fades au palais,
et de sensibles, tendres et périssables choses
– si chères !

◆

III

à Geneviève

Je ne saurais vous dire l'eau.

Je me sens précédé, je me sens suivi d'elle,
elle fouette le cœur
elle m'écrase l'œil et calomnie les distances
elle est malpropre et crache le destin
du pouce elle façonne le temps
elle exige des volontaires.

Je viens d'une petite ville blanche où pissaient les vaches
les soleils débordaient le soutien-gorge des haies,
une odeur de matin qui s'est lavée à l'eau

des fourmis longuement marchaient sur les mains calmes
une chèvre broutait du lait
laitues fraîches vous vous êtes tues,
la chair était si calme –
ville de petits juifs accrochés à l'air
les trottoirs étaient des rubans sales,
j'étouffais de bonheur, de dégoût,
ça sentait le pain frais et le hareng salé
l'amour sentait la bouse humide…
… j'ai chanté tout cela, mais je voulais partir
je voulais l'univers désertique,
je voulais les villes énormes où le soleil est noir
déchirer la chemise des hommes
leur crier ma démence et ma soif…
Je voulais l'Océan infertile, salé, souple.
– Océan ! Je te serre sur ma poitrine !
Tu es beaucoup trop grand, mais tes cheveux sont fins,
dans ma petite ville je te croyais si fort,
ta puissance comblait mes reins…
Devais-je un jour te rencontrer si pâle ?
À la criée des poissons je t'ai senti tout nu
– souffres-tu comme les hommes ?
Tes yeux me font pitié, tes yeux brûlés,
si tu pouvais au moins t'arrêter un instant
– ta marche est inlassable !
Quelle terrible solitude, dis ?
Si je pouvais je t'aimerais comme une sœur
je t'aiderais à traverser les zones inhumaines
– la main dans la main.

IV

Pourquoi l'océan me fait-il penser à ces plaines de Bessarabie,
on y marchait longtemps et c'était long la vie.
Steppe ! ce fond de mer agaçait les narines
l'œil de la terre s'ouvrait sous les paupières marines
on avançait sans avancer et on faisait le point.
Notre marche avançait la distance d'autant.

– Parfois un paysan égaré cherchait les racines des eaux…
eaux longuement sollicitées,
terres longtemps voulues,
le regard sommeillait de ne heurter rien,
l'espace de lui-même a engendré l'espace,
le temps gonflé et dégonflé,
la nuit, le jour, la même mer tranquille, lisse –
a-t-on bientôt touché aux côtes d'Amérique ?
Dites-moi, Commandant, était-il VRAI le port d'attache,
allons-nous voir les paysans meugler comme des vaches –
– cette mer, cette terre, rien ne les presse de finir ?

– J'ai vu ces paysans en 1914
fuir les Autrichiens, quitter la terre au cou des bœufs,
de leurs corps ils ensemençaient la terre vieille
ils fuyaient la mort pour la mort,
la guerre était si longue, le naufrage infini,
que les hommes soudain envahissaient les routes
ivres d'on ne sait quel espace qui coulait
autour du cou, comme une corde, et qui tirait.
Cela sombrait à vue d'œil,
ils lâchaient les maisons qui sentaient l'incendie,
le petit pré si doux aux naseaux du cheval,
le puits comme une bouche dont la langue est fraîche,

le bel oignon juteux, la betterave rêche,
la toute petite église en bois où les aïeux
savaient un escalier qui les menait aux cieux,
… Notre-Dame des Blés, du Maïs, et de l'Orge,
Toi qui sais que les cales du monde prennent l'eau,
Aie pitié de ces hommes de 1914 –
aie pitié de ces rats qui fuient le bateau.

◆

V

J'entre dans le mouvement qui me fuit, et j'ai peur,
mes mains, mes mains et ce qu'elles tiennent du monde.
Dans le passé sanglote une bouche ouverte,
ce n'est qu'une chanson pour le pays des ombres
        les travaux sont finis
        bus les paysages,
        à quoi bon repartir
        pour d'anciens voyages,
j'ai beau me déchirer pour aller de l'avant, rompre
    le poids de l'inertie !
Bagnard, le mouvement perpétuel t'attend, pèse aux parois
    de la vessie
– quelles mers vais-je encore teindre de mes désirs ?
quelles terres brosser de songe ?
Allez, allez la route !
Garçon ! un peu plus d'atlantique !
La côte s'use, s'use
la vitrine un instant brûle sa féerie
– puis meurt.
Désormais la face de Dieu seule où la nuit crache longuement,
et s'essouffle et reprend d'une salive nouvelle.

Et, que cela ne mène qu'aux terres inhumaines,
qu'aux ports désaccordés comme de vieux pianos
et qu'il faille carder, sur des métiers nouveaux
la trame usée du même…
Qu'il ferait bon téter ton lait sauvage, ô vie,
que des clous seraient bons pour raviver le sang
qu'une tempête serait bienvenue, violente,
une tempête, une émeute.
J'ai soif de toi, échevelée,
pendant que mon œil fuit
le blanc vol de mouettes
douces comme un sanglot irréel de la chair.

Cri de la chair, esprit, vieil instrument de rêve !
Je ne peux te quitter ! je ne peux te garder !
Je me penche anxieux sur le vieux bois – il chante.
Chantes-tu ? souffres-tu ?
Te voici les mamelles pleines de sève éparse
Est-ce appétit de croissance ?
– soif d'inconnu vorace ?
– te dresses-tu contre la mort
– est-ce la mort qui baise tes lèvres incertaines ?

À présent, oubliée,
tu t'oublies toi-même.
Que t'importe le monde,
en es-tu donc sortie ?

Une ombre t'a frôlée et s'est évanouie.
Tu souffres. Tu te couches

à bord du *Mendoza*, le 30/VII/29.

◆

VI

Un enfant est né
une femme est morte.
Comme tu sanglotes
méditerranée !

La mère a crié
le père a prié
le Temps est passé
à côté de l'heure.

De l'éternité
un enfant est né.

Quelle saison calme
dans l'esprit vaincu !...
Que suis-je, qu'es-tu
au bord d'une larme ?

◆

VII

J'ai fait escale dans les villes
avec des compagnons dont j'ignorais le nom
j'allais au-devant des visages
le regard, du dedans, émerveillait la chair,
– chair, cette ville était de chair, de cuir,
elle était mise en mouvement par des courroies vivantes

de transmission, elle lavait ses vieilles cathédrales,
les vieux pavés, le temps comme le linge sale
– elle criait sa gloire :
j'ai craché sur de l'Histoire :
J'ai eu faim à Séville d'une Espagnole véritable,
maigre comme un repas du Mercredi des Cendres,
elle vendait des canaris.
À Cadix, j'ai rêvé aux aubes de Paris.
J'ai maudit, à Dakar, les patries blanches,
j'ai appelé à moi le sable, le sommeil,
mon cœur était faible et si lâche :
– Almería, tu sentais l'ail…
Partout des gens assis dans des cafés, les banques.
Nous parlions aussi peu que possible leur langue,
nous visitions les vieilles églises où Jésus-Christ
peint et cloué au mur jette son cri !
Les temps de la prière étaient déjà passés,
vieux le cri, vieille la beauté,
il n'y avait que le sang de vivant, il coulait noir
des chevaux éventrés et dans les abattoirs,
une sourde émotion se formait dans la bouche :
« Entrez, Messieurs, voici les merveilles louches »
qu'étais-je venu faire dans ces forêts peuplées ?
J'avais cherché un peu de silence en espèces,
un peu de soleil moins fatigué qu'une neige,
la femme au ventre plein traversait mon sang,
la vie, la vie allait éclater de plus belle
j'étais né à Jassy, que cherchais-je à Oran
(dans les vitrines des coiffeurs les femmes belles ?)
mon voyage fini, mon passé aboli
où vais-je aller porter mes pas ? sur quels rivages ?
quels visages humains me viendront appeler ?
quelles fatigues surhumaines ?
Je ne peux écouter tant de voix à la fois.
Qui parle ? que disais-je ? qui, celui qui écoute ?

– Assez, assez vous dis-je,
la masse de mon corps me pèse plus que Dieu,
je ne peux plus lutter contre vents et marées,
je ne peux plus marcher ; les routes sont barrées
– assez !

◆

VIII

Plus loin, ou c'est trop tard,
la lumière saignait son jus inimitable,
tristesse à table d'hôte aux ports balbutiants,
le phare nous précède,
la nuit rentre dans l'œil comme l'oiseau au nid,
qu'il fait tard, qu'il fait tard,
les émigrants ne cessent d'escalader la nuit
ils grimpent dans la nuit jusqu'à la fin du monde,
ils rompent comme frères leur lait et le partagent
un sanglot fait le tour du monde,
et nous irons, bris d'une vieille danse,
sur toute la terre, et plus loin,
porteurs d'un grand secret dont s'est perdu le sens,
crier au visage des hommes notre soif incurable…
– À quoi servirait notre vie,
à quoi nos batailles perdues,
sinon à un Triomphe dont s'est perdu le sens,
et pour porter en fraude aux hommes
sous l'œil absent des douaniers –
une nouvelle beauté panique.

IX

à Line

Marseille, tu chargeas les cales du bateau
d'émigrants qui montaient sous l'œil de la police,
ils sentaient la fatigue, l'ail,
ils étaient loqueteux et bredouilles.

– Où allez-vous mes frères?
Maquignons, rebouteux, marchands de vins, forains,
fripiers, diamantaires,
votre sang fouette mon sang, votre paupière me soulève,
vous chevauchiez la nuit des temps
vous êtes ma soif permanente
je vous ai vus quittant les poches des provinces
traînant quelques vertèbres molles sous vos chemises
les pogroms de l'Ukraine vous ont chassés des villes
vous n'aviez que votre vie dans les valises
maigres vifs comme bois roulés par les torrents,
pourquoi aller toujours de la fin vers les
commencements,
pourquoi lisez-vous donc votre livre à rebours,
vous n'arrivez jamais et vous partez toujours
quel âcre paradis
roule dans votre bile,
où courez-vous, assis
sur le pont, immobiles,
ressemeleurs de mots, bijoutiers d'accidents,
dites-moi d'où vous vient ce fleuve d'énergie?
Dans vos mains je lisais une ligne de vie
longue et cent fois brisée.

Où donc t'avions-nous amarré
canot de secours, synagogue ?
Partout dans le vent, la marée
monte, sanglot du Décalogue !

Pauvres vifs
Que de fois projetés sur les murs par vos longues bougies
de suif
vos ombres ont prié sur les fruits de la terre,
ont nagé lourdement dans l'eau de la prière
et appelé dans leurs cœurs racornis, la jeune,
la frêle bergère, l'épouse,
la fiancée promise et noire du Cantique
des Cantiques.

J'ai voyagé avec vous dans le train, mon père est là
(qu'il est beau dans ses yeux le maïs de la terre moldave).
Il est l'agent d'une Compagnie maritime du Havre,
il a la charge de ce convoi d'émigrants
il soigne ces galets de mer comme des diamants,
il gémit de temps en temps Ribono Schelolam !
En esprit il parle à Dieu, mais il pense au pogrom,
il pense à cette histoire (que de fois répétée)
d'exodes de vieillards fuyants avec leur thora,
leurs édredons et les enfants à la tétée
que de fois faudra-t-il que la mer Rouge s'ouvre,
que nous criions vers toi du fond de notre gouffre,
la sortie de l'Égypte n'était-elle qu'une figure
de cette fuite éperdue le long de l'histoire future,
et Jérusalem n'était-il que symbole et que fable
de ce havre qu'on cherche et qui est introuvable ?
Mon père, c'est cela qui te rend misérable.
Tu penses à ton jeune garçon que tu as emmené en voyage,
qui est si gentil en marin, mais si bête pour son âge,
il ne sait pas encore naviguer dans la mer des visages,

il a un monde en lui-même et rarement quitte le fond
pour respirer à la surface comme font les poissons,
il ne comprend rien à ce meeting de fantômes
que l'on roule d'un bout à l'autre du royaume
il a des yeux de marin, il est si fier de son rôle,
il trouve si jolies en photo les scènes de viol,
il bâille quand on chante le Cantique des Cantiques,
tu lui parais trop noire, bergère Sulamite.
– Sulamite, je t'ai vue. Tu gisais sur la terre russe
ouverte comme un jeune melon, parmi le bric-à-brac
d'un univers hagard jeté sur le marché aux puces!
Elle chante encore en moi ta chevelure rousse
– non, on n'a pas encore fusillé le Cosaque!
Une vieille couvrait de toile cette nature morte.

Sulamite, si jamais je t'oublie... C'est là que
mon enfance est morte
sous les yeux de mon père. Oh! que j'avais sommeil.
Le Tsar avait permis que ces morts fussent mis en cercueil,
tandis que d'autres morts maigres comme une prière
debout, sur les débris fumants,
n'osaient pas, n'osaient plus sangloter vers leur Dieu.
Ils ne posaient pas de questions
les siècles n'avaient pas apporté de réponse
il fallait s'avancer dans le regard de Dieu
comme des mouches dans la toile de l'araignée
bêtes de sacrifices,
ô trop cruellement aimée, ô trop suavement haïe,
sans savoir si du moins la mort allait chanter,
si elle allait chanter merveilleuse à la fin,
à la fin de cette vie de taureau éventré
dans l'arène, sous les yeux d'un public délirant
et qui pèse et qui soupèse ton agonie
ô dentelle, ô démence!
Qu'importe si la vie avait ou non un sens!

… Émigrant, émigrant où vas-tu ?
Attends, mais attends-moi je viens,
trente ans, qu'est-ce après tout que trente ans de retard,
je m'éloignais du train mais je partais quand même,
était-elle si loin la terre américaine ?

Vous étiez une preuve que la terre était ronde.
À Itzkani voici un poste frontière dans le monde.
L'auberge, dans la nuit, une île de corail.
La valse viennoise ouvrait la vanne au songe
pour la première fois j'ai vu du poivre rouge…

– Mon père qu'as-tu fait de mon enfance ?
qu'as-tu fait du petit marin au regard bleu ?
J'étais heureux, heureux parmi ces malheureux,
le poivre rouge c'était si nouveau !
Plus tard j'ai vu Charlot et j'ai compris les émigrants,
plus tard, plus tard moi-même…
Émigrants, diamants de la terre, sel sauvage,
je suis de votre race,
j'emporte comme vous ma vie dans ma valise,
je mange comme vous le pain de mon angoisse,
je ne demande plus quel est le sens du monde,
je pose mon poing dur sur la table du monde,
je suis de ceux qui n'ont rien, qui veulent tout
– je ne saurai jamais me résigner.

X

Chanson de l'émigrant

Amer, le goût de notre sort !
À quoi servent sanglots et plaintes ?
Pour le pain dur d'un passeport
on a pris nos empreintes.

Mon père couché sous la terre
jusqu'à l'heure du Jugement,
pourquoi as-tu peur que je meure ?
pourquoi ai-je peur du vivant ?

Nous ne parlons aucune langue,
nous ne sommes d'aucun pays,
notre terre c'est ce qui tangue
notre havre c'est le roulis.

Marchand d'appétits, vieille rosse,
me voici assis sur un sac,
le ciel du côté de mon gosse
et moi du côté du ressac.

Parmi le cuir fin des oranges,
parmi des massacres d'oignons,
je touche, absurdes compagnons,
aux grandes patries étranges.

Comme tu fonds dans mon gosier
sanglot du tropique !
Ni prier ni crier
sur la grand-route maléfique.

De Kiev, d'Irkutzk, de Varsovie,
pour São Paulo, pour Lima…
Mon Dieu, quelle chienne de vie
traînée de climat en climat !

Et quelle amertume, ô délice,
que de glisser, l'esprit à jeun
– sans matière, comme un parfum –,
entre les doigts de la police !

Rameurs d'une vieille fiction,
(quand donc finira le périple ?)
nous naviguons dans le multiple
pays de la malédiction.

Ô mère cruelle, Existence !
Quelle louve, pour ses petits,
eût plus d'ovaires dans la panse,
et moins de lait dedans ses pis ?

Sur ce maigre bateau fantôme
qui est à lui-même son port,
quelle longue java que l'homme
sur l'accordéon de la mort.

Que vienne la fin de ce monde !
Puisse-t-elle fermer nos yeux…
Menez toutes seules la ronde
étoiles qui êtes aux cieux.

Sommes-nous nés sur une route
qui avance et ne finit pas
afin de casser notre croûte
entre la terre et l'au-delà ?

Et sommes-nous partis de l'Olt,
du Dniepr et de Crimée
afin de te porter, Révolte,
jusqu'aux entrailles du Créé ?

… Mon père, couché sous la terre
les yeux ouverts dans le tombeau,
sais-tu qu'on est mieux sous ta pierre ?
– Ici, la terre est toute d'eau.

On a pris nos empreintes
sur toute la terre, et plus loin.
À quoi servent sanglots et plaintes ?
La route marche et ne finit point.

◆

XI

Je me suis arrêté dans les ports où les marchands ambulants
sollicitaient l'esprit d'avoir soif de CHOSES
ils remaillaient de la trame chantante de leurs tapis
la lumière tendue de l'Afrique !

Cette lumière sèche flottait comme une toile au vent,
elle n'avait rien d'humain,
et cependant je descendais avec un grand chapeau de paille
suivre cette chanson inhumaine…

Étrange, la chanson ! Étrange, cette soif
d'une pulpe, en moi-même, qui n'eût rien de tendre…

Après-midi incertaines !
Que j'aimais me pencher sur vos eaux incréées
comme un pêcheur à la ligne

j'espérais des poissons inconnus, des merveilles légères,
des équilibres nouveaux,
alors que la lumière tournait autour de moi
elle entrait dans mes poches comme un lézard heureux
si calme et si poreuse
cherchait-elle un secret perdu de ma substance?
Nous avions l'air d'inconnus qui ont dansé à un bal,
qui se sont un instant appuyés l'un sur l'autre
et qui ont craint de mêler leur sueur et leur songe,
alors qu'en eux se donnaient des festins fabuleux
des vins sans lendemain tintaient dans leurs oreilles,
et qu'une musique montait comme un jardin suspendu
– qui a tissé, savant, la toile d'araignée?
Nous avions hâte d'oublier!
Il fallait jeter à la mer ces années trompeuses,
pour ne plus retrouver, au quai, les heures creuses,
les navires cherchant leur chemin sous des étoiles connues,
et la soif de l'esprit comme une lame nue…

La mort était somnolente, oublieuse,
oubliée nappe d'eau enfouie dans l'âme –
et SOUDAIN elle vint, elle coula en moi
comme le lait vivant dans le sein de la femme.

◆

XII

… dans la chair oubliée de l'homme, qui s'avance?
qui crie? qui sanglote?
Les routes sont tombées sur moi de tout leur long,
toutes les routes sont tombées…
Ortie du temps, où es-tu ma jolie?
Une envie est-ce peu,

une envie de crier, de pleurer,
de faire des trous dans l'eau fraîche,
au-dedans de moi une enfant sanglote sur mes genoux,
la route est longue et déchirée,
et je ne peux pas marcher et je ne peux pas chanter,
une chanson comme un soleil,
une chanson qui voudrait vivre,
une chanson qui ouvre l'œil
une chanson de cris et de balbutiements
– une chanson si bête, si bête…

Non, ce n'est pas cela,
c'est pas cela ni autre chose
c'est pas cela, bien sûr,
ni autre chose qui mûrit, qui ouvre en moi,
et qui est là et qui voudrait crier,
crier une parole longue,
un grand soleil de sable, un sanglot…

Cette nuit je suis seul avec ma lampe nue –
il n'y a pas de forêt à brûler,
rien à brûler, pas même un homme,
un homme, un homme et cependant…
Il y a de ces nuits que la tempête lave
un pas encore et l'eau jaillit sous tous les pas,
des nuits où quelque chose coule en moi,
monte jusqu'à ma gorge,
un fleuve monte
une eau monte comme un couteau,
est-ce moi qui monte en moi-même
plus fort que moi, plus vaste,
moi-même comme une eau qui inonde une plaine,
moi-même sur le monde
et qui voudrais crier, qui voudrais sangloter
le monde…

Rien donc ne jaillira jusqu'au bord des paroles!
poissons dorés, poissons du cœur fêlé, paroles,
une chanson en moi, un sanglot,
un sanglot de plus dans le monde,
un sanglot qui noie le monde,
qui monte, qui monte et qui crie:
ASSEZ – ASSEZ et pas ASSEZ!
Pas assez de tout cela,
et cependant assez, assez, assez!
Pas assez de la mort,
et cependant assez de la vie!
Assez de tout, et pas assez de rien…

– Je vous donne ma mort, que vous en semble?
ma vie qu'en ferez-vous?
qu'est-ce ma vie?
une chanson un sanglot,
un sanglot tout petit dans les oreilles du monde,
un sanglot dans une forêt de sanglots…
Un sanglot – PAS ASSEZ!!!

Voici le monde –
si je pouvais le déchirer
si je pouvais me déchirer
moi-même sur le monde
debout et sanglotant
– sanglot le monde!
Si petit, si petit et si plein
si plein, si plein et si petit,
si petit à pouvoir sangloter
si plein à pouvoir tout étreindre
un fleuve monte en moi, il monte,
je ne peux pas l'arrêter de mes mains
je ne peux pas l'empêcher de mon corps
– il passe à travers moi – il monte –
IL MONTE…

XIII

Un grain de terre m'eût suffi
qui m'a poussé dans les grand'villes ?
Un grain de terre m'eût suffi –
qui m'a poussé dans les chaudières,
le corps dégingandé, les cuisses maigres,
le sang brûlé de fièvres,
lourd de mes testicules lourds ?

Que ferais-je de ces bateaux,
de ces tempêtes, de ces eaux,
– du monde troué de hublots,
que ferais-je ?

Une cale chargée de sacs de café, un wagon de troisième
plein de soldats puants et d'émigrants,
une vie sans escale,
une vie attachée à une roue et qui tourne,
avais-je assez marché et la guerre était devant,
assez marché, j'ai vu des régiments de sable,
marché – et on était ramassé par les routes
avec les chevaux fourbus et les camions défoncés,
loin du marché aux puces où mes aïeux sont morts
une prière sur les lèvres
à l'ombre d'une vieille bâtisse qui flanchait
– sous le poids de la vie –
barque de sauvetage qui avait trop servi.
Le soleil était là, c'était de la vieille ferraille,
enfant j'y ai joué –
pourquoi suis-je parti quand même,
qu'avais-je à espérer des routes,
c'est si calme une digue,

si reposant un seuil,
le jour y ouvre l'œil
sucré comme la figue,

qu'avais-je encore à dire aux hommes,
ou qu'avais-je à attendre d'eux?
Parlons-nous donc la même langue –
brûlions-nous de la même soif?

… Ils poussaient la charrue dans la terre
ils avaient le regard de leurs bœufs: misérable et triste, rouge,
ils mettaient de côté le passé comme des philatélistes,
coude à coude, roseaux, ils empêchaient que l'étang
ne bouge…

Que savaient-ils de la vie du toucheur dans les landes,
de la vie du manœuvre dans les marais salants,
de la vie du marin, tendue comme un arc que l'on bande,
de la vie du pêcheur de perles, aux poumons tendres,
– que savaient-ils de toi – de moi – perdus dans les sables
mouvants?

◆

XIV

… Oui, j'ai aimé le monde:
– Combien de fois, soleil, te saluais-je
d'avoir hâlé ma transparence,
je m'étais couvert de ma voix,
je m'avançais dans le silence qui crissait,
j'aimais les forces, les écorces,
les bœufs qui touchent de leur front le vide,
les choses calmes, apaisantes, calmes,

les paysans la voix hâlée, la peau tannée,
la nappe tranquille du calme…
– le monde le voici
et me voici tout plein des morsures de l'air
le sang tourné, caillé,
dans ma chair une rixe invisible de coqs.
– Où aller?
J'ai appelé sur moi l'orage, le naufrage,
j'ai crié: nom de Dieu, j'ai frappé,
hagard, j'ai éventré le soleil,
j'étais ruisselant de sommeil,
par où commencer, où finir?
pourquoi ces questions se posent-elles?
que faudra-t-il haïr en fin de compte?
aimer était trop enfantin!
– Le monde est là, je m'y agrippe,
je m'accroche de mes deux mains,
je ne lâche pas cette proie,
je la marque de ma puissance,
je la couvre de mes empreintes!
J'étais en train de le modifier: je suis!
je n'avais pas perdu confiance,
la solitude n'était pas venue,
le dégoût ni l'ennui n'étaient là…

– Ne rien pouvoir tenir en mains voilà la fin…
… Sous les paupières closes y avait-il des yeux?
Mes mains s'étaient fermées sur leur propre creux.
Mes mains étaient vides bien sûr,
j'avais aimé, j'avais haï le vide
inutile de sangloter,
au bout de moi-même MOI-MÊME,
toujours moi-même, plein de bave, plein de lave
moi-même dans le Temps
plein de besoins plein d'appétits

plus grande ma soif que le monde
plus grande ma faim que le monde,
pas de chanson, pas d'échanson,
personne de qui espérer du secours,
nul Dieu sanglotant ou féroce,
qui prier, qui frapper au visage,
nulle voix apaisante, désaltérante,
nul visage…

◆

XV

Tu avais une déesse à tes côtés, Ulysse!
– À quoi sert-il de voyager?
Une jarre de lait calme, les cuisses de l'épouse,
les jours comme des pommes tombées dans le verger,
une belle lumière lisse,
la paix de l'œuvre faite et la nuit à l'auberge,
vieillir tout doucement près d'un pichet de vin
quand la lune blanchit le large,
tout en trinquant avec des marins revenus
infirmes, d'on ne sait quelles batailles louches
qu'on a du mal à épeler…
– À quoi sert-il de s'en aller
déjà vaincu, avant d'avoir ouvert la bouche,
dans des pays d'où l'on ne reviendra que vieux
plein de sirènes que l'on n'a pas écoutées
de victoires manquées
et le cœur lourd d'avoir résisté à sa soif?

XVI

Le monde est fini, le voyage
commence.
Y a-t-il encore un soleil
quelque part ?

Nous avons peur de la vie,
nous avons peur de la mort,
de toutes ces vieilles chansons
de nourrice.

Nous portons avec nous
le poids d'une race d'ancêtres
qui ont trop aimé cette terre
pour ne pas la haïr.

Nous sommes issus de la pierre
lourde et sauvage,
nous fûmes des rocs, des racines,
jamais oiseaux, jamais nuages –
feuilles des cimes –

Les dieux ah ! sont morts.
Nous cherchons
des hommes. Des hommes
qui n'aient pas peur d'achever
ce qui reste des dieux.

XVII

Je largue les amarres qui me tiennent lié à la terre,
l'arc-en-ciel qui m'attache à tous les autres hommes,
les bandages qui cousent ma plaie aux autres plaies,
je quitte le lit des vivants,
les grandes voix des morts aux racines terribles
les photos de famille sur le métal des foires
et le ventre où m'attend le nouveau-né du cœur.
Voici la vérité, je suis seul,
seul dans ma propre nuit où mon ombre se couche
dans la chose qui fuit je me touche et me perds
égoutier du grand songe,
ma main me pousse pleine de lignes, de racines,
– ai-je vraiment manqué de foi ?
Je grimpe les Alpes de force et je n'ai pas de guide
je ne suis pas alpiniste,
je n'ai pas demandé le danger, il est là,
je n'aime pas marcher, qui est-ce qui marche en moi ?
– S'était-on trompé de personne ?
Je hais le vide et voilà qu'il sonne en mon poème.
Je cogne un front têtu contre les cimes d'air
je ne suis pas un héros –
les applaudissements me gênent, qu'en ferais-je ?
les hyènes me suivent de leur regard en brosse :
qui leur a dit que je serai cadavre un jour ?
… Tout seul je suis la route humaine ; à qui la route ?
à qui les mots déjà inventés avant moi ?
Dans la bouche des femmes d'anciens baisers rassis
dorment sur les gencives,
tout seul j'arrache le secret, bribe par bribe,
tout seul je sème et je moissonne l'homme,
j'avance dans les villes absurdes où tout m'étonne,

dans les boulangeries le pain ouvrait les yeux,
le cri du pauvre monte à la gorge de Dieu,
à l'hôpital au moins les murs seront très blancs,
la lumière sera assise à table, vieille,
dans ma voix les lavandières auront des jambes d'eau
        si nous entrions danser
        dans la pharmacie ouverte,
        si nous nous laissions flotter
        sur la crème de l'étang,
le temps sera enfin troué par les orties,
soleil voudras-tu être aussi de la partie,
        soleil méchant qui chauffe
        l'or et la pourriture
        le vide qui sanglote
        dans les paroles mûres.

        Il n'y a pas de vide,
        pourquoi me tourmenter?
Je vous donne mes mains, je vous donne mon ombre –
il n'y a pas de vide et je suis seul au monde.

◆

XVIII

Les paroles devraient se presser dans ma bouche
comme naguère... Quand? Je me souviens à peine...
Mais qu'importe les quais où l'on charge
le môle où l'on s'embarque
avec les dames blanches qui hantent les châteaux
des Sénégalais au nez plat
de grosses filles pour le commerce
une petite institutrice de Bretagne
fermée dans sa coquille –

et quelques disques dont on mâchera la rengaine
sous les paupières du tropique…
Ce soir, la mer s'embête et boude…
Quelle fêlure veut-elle donc oublier,
gonflée de ta laitance amère, solitude ?
– Qui donc l'empêche de crier
échevelée, exsangue,
de percer les bateaux d'émigrants et d'y passer la langue,
de tremper le mouchoir des voiliers dans l'onde,
de lécher l'agonie salée des mariniers,
de cracher au visage insolent du monde
– Qui donc l'empêche de prier,
de mendier un peu de soleil pour beurrer sa peau,
de baiser les noyés sur la bouche,
de lessiver tendrement le sommeil des poissons ?
– Qui donc l'empêche de parier,
de jeter le clinquant de sa vie éternelle
sur le tapis vert des dieux –
trouer l'opacité des dieux,
et demander aux grandes ténèbres qui l'attirent :
– qui donc m'empêche de mourir ?

◆

XIX

Les paysages vus dans les caisses des mers
l'aube sale des ports aux soleils futurs
je m'avance à travers la ville libre,
inconnu, inconnu, où irai-je, où vas-tu
parmi les détritus d'oranges, de fatigues,
j'arrive et te voilà, tu es vieille Amérique,
je te trouve saleté
visage familier de la boîte aux ordures,

naissance de la race ouvrière au matin
le pain n'est plus déjà qu'une lueur de pain
la faim est là qui triche…
mais les affiches parlent de fêtes crapuleuses,
affiche de meetings, de grèves, de saisies,
de bals à l'Opéra, de films en Malaisie,
de songes et d'émeutes
– suis-je vraiment celui qu'on attend pour la fête,
dois-je montrer mes reins,
dois-je crier à tue-tête
quels sont les fruits nouveaux dont vous avez besoin
quel est le paradis qu'il vous plairait de perdre
je ne sais pas la langue que vous parlez qu'y puis-je ?
je ne suis pas chiromancien,
mes mots, mes maux sont ceux de tout le monde,
je n'ai rien inventé de nouveau, d'ancien,
la terre si petite, le voyage si long,
plus grande notre soif que celle de Colomb !
J'avais assez de suivre l'Europe aux fesses creuses,
n'avez-vous pas d'autres résines, d'autres crises,
la même chose et cependant
un verre de gros rouge sur les comptoirs de l'aube,
un peu de bon tabac
pour rouler une sèche ?
Vos rues m'ont attrapé comme lassos, où vais-je,
où sont vos mains d'amis, pourquoi ces flèches,
personne n'est venu vers moi, le regard bleu.

Les murs sont pleins d'ennui, le linge tendu sèche
– que faites-vous de votre soleil ?
Laissez-moi m'en couper un morceau saignant !
Terres silencieuses, peaux-rouges océanes,
que le maïs est triste au plat de vos savanes,
quelles amours cherché-je dans vos quartiers infâmes
de quelle odeur humaine ai-je espéré le sel ?

J'ai beau mêler mon cœur au vôtre, je suis seul,
avais-je quelque chose à vous dire ?
J'ai un si grand besoin de rire, de pleurer,
qui veut donner la joie à un marchand d'épaves,
quelle femme qui me suivrait à l'hôtel
pour dix minutes de caresses sourdes ?
J'ai tant de vie en moi qui voudrait sourdre,
tant de moulins à vent qui voudraient moudre
– j'espérais un pays de choses minérales,
dois-je porter mon nom comme une enseigne usée
de vieille auberge médusée ?
– Aidez-moi donc à m'oublier !
Plus tard je vous paierai en charmes, en sanglots,
je suis venu vers vous, l'écorce tendre
aidez-moi donc à la durcir !
aidez-moi, aidez-moi à devenir un autre.

◆

XX

La terre a trop de bœufs ce matin sur ses épaules
elle se déchausse pour courir, crache ses eaux minérales,
elle aime labourer les trains et les mécaniciens,
elle aime broyer la mélancolie des déraillements anciens,
tout ce qui fut vitesse, cœur, cri, marche et bielle –
enfoui à présent sous la fiente du sang et du temps.

◆

XXI

J'avançais dans la foule, nul ne savait mon nom,
– l'eussent-ils su, quelle importance ?

Moi-même le savais-je ? Et je tournais en rond,
saoulé par les lumières noires,
comme si cette foule était le vent du large,
comme si quelque chose pouvait venir de là,
houleuse, indifférente,
comme si les têtards qui grouillaient dans la vase
de ce port inhumain
étaient des hommes et non des rescapés craintifs
de vieux naufrages innommables,
des déchets d'une fête ancienne, oubliée,
des paquets d'appétits, de pus, de solitude,
de choses grelottantes, ah !

On s'était rencontré quelque part, c'était sûr,
dans quelque queue humaine à l'aube, il bruinait
– pour un pain, ou pour un visa, c'était long,
c'était long la guerre, la paix,
longue et sordide l'aube,
et cette découverte du rien, si lente, oh !
et ce malaise au cœur plus lourd qu'une grossesse
l'humiliation d'être rien,
des émigrants sans passeport,
de nul peuple, d'aucun pays,
chacun parlant une autre langue,
la langue de sa petite vie obscure,
la langue d'un désir de pain, de destruction,
de tendresse, de miel, de songe, de puissance,
d'un toit avec une fraîcheur dans le lit...
Et j'étais parmi eux parlant ma propre langue
que je ne comprenais plus, ah !
Et j'avançais craignant qu'on m'oubliât et je criais
de peur, de faim, d'angoisse :
« Moi aussi... moi aussi, je suis un dieu. Pitié ! »
– Cela faisait un bruit de crécelle éraillée,
un aigre filet de musique,

une plainte cassée qui traversait l'histoire,
qui roulait, qui roulait, roulait hors de l'histoire
… Hors de l'histoire… oui… !

◆

XXII

Aucune importance, bien sûr,
que je fusse dans la rue, dans un ventre,
ou dans l'œil mort de cette chambre,
seul dans l'aquarium du monde,
attendant quelque chose que je savais déjà
impossible, impossible,
et pourtant souhaité au-delà du possible,
un visage, une main,
une sonnette prise soudain de tremblement,
un bruit de pas, de voix montant dans le silence
comme la crue houleuse d'une rivière en mars
– terrible, violente !
–… Mais est-ce donc si important,
cela fera-t-il une date,
un digne événement de l'Histoire moderne,
si quelqu'un se trompait d'escalier, de porte,
et apportait, ne fût-ce que pour un rien de temps,
une poignée d'odeur humaine
à ce gardien de phare quasi fou de terreur ?

XXIII

Amérique, Amérique…

à Victoria Ocampo

Amérique, Amérique, merveille noire et rouge,
que de fois j'ai rêvé de tes chevaux sauvages
que de fois l'œil plus clair d'être ouvert en dedans
tes fleuves m'ont porté, humide, dans tes flancs,
ô vierge, encore nue depuis ta découverte !
– Puissé-je être celui qui causera ta perte !
Puisses-tu arrêter de ne pas finir !
Que n'y a-t-il encore un monde à découvrir
maille après maille !

Amérique du Sud ouverte en éventail
dans la paume fermée de la Terre de Feu
(il suffit d'un regard amoureux sur la mappe)
j'aime tes plaines pacifiques
tes nappes inhumaines
tes grands ports où l'on dort le regard sous l'eau
tes Indiens anachroniques
ramant sans bruit le long de tes méditations
tes plantations où l'homme s'enfonce jusqu'au cou
tes émeutes soudaines
tes matinées paresseuses et ta lumière trouble
tes nuages énormes et tes ombú géants
ta pampa infinie,
tes longs serpents mûris par leur venin de mort…
– Dans tes ports j'ai flâné longtemps, le rêve au ventre…
Marchand, marchand qui n'avait rien à vendre

je trafiquais la destruction,
je te voyais de loin le visage tranquille,
tes jeunes seins de vieille fille,
Amérique du Sud entourée de mers
continent sans mémoire
ouvrage improvisé par des soldats cruels
l'œil fier sur un cheval de pierre dans tes villes –

j'ai baisé ton ennui aux cils de tes bordels,
j'ai partagé vos lourdes tristesses, sang-mêlé,
et ce mal du pays des gens qui n'en ont plus.
J'ai foulé tes pavés, j'ai rêvé dans tes rues,
tes hommes longuement m'émeuvent…
Que ne puis-je rester un instant sur tes rives,
enfoncer mes racines dans une terre neuve,
naviguer tout au long des côtes du connu,
me lier d'amitié avec ta terre épaisse,
couvert de tes moutons qui ont la laine lasse.
– Amérique, ta terre est vaste !
Aie pitié de ces pauvres et sales émigrants
qui se déplacent, lents, avec leurs dieux anciens !
Je suis un étranger, je le sais.
Je n'ai pas de patrie collée à mes souliers,
plus rien qui me retienne à quelque quai du vide…
Puisses-tu me mener en laisse par la main !
puisses-tu apaiser mon pauvre cœur d'Asie !
N'es-tu pas une terre absurde, une oasis,
un pays de chevaux libres de toute bride ?

… oubli de tout, de rien… Nuages d'Amérique !

XXIV

… et l'Argentine. La pampa était à gauche,
cela faisait de la poussière sur les hommes.
Chaque jour je prenais une rue inconnue
avec l'espoir d'y arriver
seul le désert avait de quoi calmer ma soif
j'avais besoin d'un monde sans horizon ni fin
d'un monde plat, de sables,
j'avais un grand besoin d'étouffer
de changer de température,
donnez-moi un pays qui soit à ma mesure
pareil au vieux chaos
avec de l'herbe amère et des soleils sauvages
des hommes lents et dangereux
des taureaux immobiles
s'acharnant de leur front contre le calme plat
– pampa, pampa, où mon désir rampa,
je rêvais d'avancer dans ton regard immense,
toucher l'infini de mes coudes
pourquoi tant de terre suivie de terres et de terres
sans vagues ni écume
que te voulais-je, solitude,
puisses-tu ne pas arrêter de couler,
source ardente !
Mon cœur était plus vide que toi et plus brûlant,
des chardons y poussaient, fruits de la sécheresse
les oiseaux étaient pleins de sommeil
quel ennui portaient-ils sous leurs ailes lasses
un nuage touchait ma tête –
l'amour, l'amour était aussi vaste, aussi bête,
il fallait s'y livrer à plein corps,
il fallait s'y livrer jusqu'à en perdre haleine…

◆

XXV

… mais il y a longtemps que ça se passe ainsi.
La caissière sourit au fond de la boucherie
comme le noyau roux dans l'amande –
est-elle petite, est-elle grande ?
Les hommes pondent dans la viande fraîche,
ils pullulent sur les viandes, sur les graisses,
ils travaillent dans les égouts, dans la vidange ;
d'aucuns gagnent leur pain dans ces métiers étranges :
sinistres, grêles, catastrophes, bris de glaces,
pompes funèbres.

Depuis longtemps la mort avance dans vos mains,
elle est cachée par le journal qu'un monsieur lit dans le train,
c'est le voisin de pissotière, dont on ne voit que les jambes,
au cinéma elle est sur l'écran, c'est une « vamp »,
tu cherches ses genoux, vos visages se touchent,
et le sanglot soudain mûrit entre vos bouches.

Dans le sommeil, on ne sait où,
le soleil tourne dans un trou.
Soleil cuis-moi, mûris ma chair comme un concombre,
j'ai renoncé tu sais, j'ai accroché mon ombre,
la mer peut désormais s'en aller
toute seule.

Je te hais, te caresse et te vomis angoisse,
la terre reste mais l'eau passe, valse,

porté au plus haut de la houle
je crie : quelle vague me roule ?
Je ne sais pas la route, il n'y a pas de route –
pourquoi me suis-je donc confié à la mer ?

◆

XXVI

Fleur de neige
fleur de bruit
fleur de braise
fleur de truite,
où sommes-nous depuis que la clarté tomba
(avec, dans notre sang, la fatigue des loups)
– à la recherche de quels commerces ?
– aux racines de quelles sources ?
le désir allumé au phosphore des nerfs…

L'aube n'est pas encore, il s'en faut
– La lampe brûle,
à quoi bon s'appuyer aux choses qui s'écroulent,
il est beaucoup de vies qui ont brûlé pour rien,
beaucoup de vies qui ont honte.
– Dormirais-je, dormirez-vous ?
… étoiles de la fin du monde !
… Que ne puis-je me mettre au chaud sous mon sommeil,
que ne peut-on ôter son visage de jour
– et dormir sans figure !

XXVII

aux confins de la vie et la mort nous avons vu
la camomille tendre des lampes des bordels

… te souviens-tu de la petite
peau-rouge qu'on avait lancée
comme une truite dans un bouge
seize ans, mais si bien balancée
que l'eau nous venait à la bouche?

Dieu! quel regard de fond des bois
dans cette fillette aux abois!

Elle débutait ce soir-là
mais s'est donnée sans une plainte.
Comme le temps passe et s'en va
que reste-t-il de cette étreinte?
… sa bouche était à peine peinte
Que de mers, que de sel et que de solitudes
que de regards qui traînent dans l'œil comme un nuage
avions-nous parcourus, compagnons! Et soudain
au fond de la lumière des villes, sanglotants,
pareils au liseron qui cherche des tuteurs
pour s'agripper et n'accroche que des tuteurs fantômes:
ces pays, ces oasis pour les fièvres du sang
et pour les violences sans bride!
Nulle part, plus que là, l'angoisse d'être seuls
ne nous poignait autant, la prière sans dieu,
et la tendresse non partagée et la soif
restée entière. Longue et si atroce soif
d'humain, inapaisée, inapaisante, unique.

… te souviens-tu, Ungaretti,
de notre nuit sur le tropique
à Bahia-de-tous-les-saints ?
Au carrefour des trois églises
une jeune négresse marchait dans nos regards
on ne voyait que le tremblement de ses fesses
qu'on eût pu prendre dans la main,
elle jouait des hanches c'était une putain,
elle était tiède et trouble en dedans comme
le lait dans une noix de coco
que n'étions-nous des matelots,
nous l'aurions ouverte au couteau comme une huître
nous nous serions saoulés pour l'oublier ensuite.

Fausses beautés qui tant troublèrent notre chair
fausses beautés qui tant, un jour, nous furent chères
pénélopes usées, juliettes avachies
– aviez-vous eu pitié du voyageur ? A-t-il
eu pitié de vos chairs molles et misérables
ô mal-aimées ? flottant sur l'eau comme des algues
sœurs des brouillards verdâtres et des fanaux douteux
– vies sans importance !
– parapluies oubliés !
est-il jamais venu quelqu'un vous réclamer
au bureau des vies perdues ?

Chairs sans désirs créées pour le sang chaud, les fièvres basses
chairs vénérables entre toutes les chairs,
– nuques sans rêve !
Nous avons vu les sales grabats des quartiers bas,
le sommeil des poitrines pesantes sur les tables,
les bouches roses et pâteuses,
le cauchemar gonflait, ballon d'enfant, gonflait,
que notre vie, que la musique, étaient creuses,
ô puisses-tu ne pas t'y trouver, Nausicaà !

… Louches maisons marines!
On y poussait d'abord son ombre et l'on entrait
ça sentait le moisi et le crime

– TERRE PROMISE

Je t'ai connue avant l'amour, après l'amour
j'avais mal aux entrailles quand je montais tes marches
l'aube saignait déjà aux gencives des jours,
un disque las jouait une romance vache

– amère parodie du paradis perdu
ta lumière était malsaine!
Fins de semaine, longues telle une robe à traîne,
le phare nous lavait, barques abandonnées,
des femmes étaient là, de toutes les contrées,
masses de viande avec une rose aux cheveux
l'amour était selon la race,
des matelots avaient passé par-là, des débardeurs,
la violence avait passé par-là, la poisse,
dans ces peaux les cheminées avaient jeté leur cri
les cordages s'étaient mêlés aux chevelures
quels voyages! avec l'orage et le roulis,
sur ces seins on sentait, lourd et gras,
le pis rose des vaches et des mères lointaines
ça fleurait la peau douce de la petite sœur,
chairs délicates, chairs de la sœur, de la mère
chairs vénérables entre toutes les chairs
terres promises!

aux confins de la vie de la mort – *promises.*

XXVIII

Ça commençait toujours par des prises de vue
des ports que l'on quittait, de foules sur les quais,
et à la fin la mer avait son mot à dire
ou ces choses que nul n'avait photographiées.

La danseuse espagnole se mit à danser tout à coup
au son d'une guitare molle
sur le pont des troisièmes.

Que de nuages ! pendant des jours et des semaines…
Si tout à coup quelqu'un criait : TERRE
– nous aurait-elle oubliés ?

Que d'eau ! pendant des jours et des semaines !

La danseuse espagnole dansait sur le tropique
quelque danse du clan primitif, magique,
faite tout simplement pour apaiser les morts.

Ce fut à l'Équateur quand la chaleur monta
que sa danse devint irritante.
On était las du mouvement.

Ce fut, bien sûr, le mal du pays qu'au début
elle dansa. Et puis la crainte
de ces pays où l'on s'enfonçait tous les jours
qui prenaient possession de vous sans être là
rouges et noirs
avec des hommes vifs et des serpents paresseux
des palmes décevantes
et soudain on eût dit que ce n'était plus ça,

on entrait à sa suite dans un torrent à truites
puis la saison muait
c'était la fièvre des coloniaux, le délire,
la fièvre verte,
puis enfin quelque chose de pur, de robes blanches
une limpidité de roc, d'enfance lisse,
de rêves sans matière,
de pur vertige, ah!
Le pont tournait, tournait
c'était cruel, c'était inhumain, c'était lâche,
on se pinçait pour voir si on était éveillé
même les matelots n'osaient pas traverser la musique,
ils avaient peur de la crotter
ils se sentaient gênés d'être vivants et lourds
d'avoir des testicules et de fumer la pipe.

Ce fut alors qu'avec des lenteurs de boas,
orteil après orteil, pièce par pièce,
les émigrants se levèrent au grand étonnement
de leurs femmes enceintes
brusquement ils sentirent que le temps coulait
qui n'allait pas revenir,
qu'il fallait faire quelque chose
tricher au jeu, jurer, sangloter, se saouler
ou noyer dans le sang

l'affreuse cruauté de la joie parfaite.

◆

XXIX

C'est une voix qui crie dans le désert « où suis-je? »
Hier, c'était l'océan, la nausée,

et l'envie d'une terre solide dans la paume –
la terre !
Mais aujourd'hui le jour avance dans le brouillard
haletant. Sur le pont, des marins de brouillard
s'enchevêtrent. On ne sait où le bateau commence
où il finit. Un pas de plus c'est le chaos.
La sirène gémit, hurle,
elle crie dans le désert « je suis là, je suis là »
et l'écho lui répond « je suis là, je suis là ! »
Attention à ma vie. Elle est fragile. Oh ! comme
elle est fragile. Et pourtant si pleine de sa soif.
Je me penche sur mon passé – rien ; sur mon avenir – rien.
Je te cherche, où es-tu ? une femme de brouillard entre autres.
Que de fantômes, pour vivre, ai-je trahi ? Je ne sais.
Leur sang coule. Où sont les vivants ? Du brouillard.
On voudrait s'accrocher à quelque épave, corde,
canot, désir, noyé, chevelure, espoir…
Mais le bateau avance haletant, il a peur,
il a peur de la vie, il a peur de lui-même,
il ne sait d'où il vient, il ne sait où il va
c'est une voix qui crie…
L'entends-tu comme elle crie
dans le désert ?

◆

XXX

Et puisque la tempête m'y jette, c'est une île !
Une île sans chemise, légère comme un cil,
une île déjà vue ; ni mère ; ni nourrice…
Que la terre est petite !
– Eh quoi ! c'est toi, Ulysse ?
Qu'es-tu allé chercher dans un pays pareil ?

– J'avais sommeil !

– Eh bien ! couche-toi. Le sommeil
est chaud comme le sang du cochon dans l'étable
Est-ce ton ombre – ou toi – qui s'est assise à table ?
– J'avais faim. Trop de mers, de vase et de nausée…
– Désastre d'un destin si longuement osé !
Te voilà, tel qu'au port le fleuve te charrie,
vieux cheval de retour, viande de boucherie,
esprit vaincu ! Le creux s'est emparé du fruit !

– Il sonne, plein encor de tout ce qui le fuit !
– Ô son, à peine lourd du vide qu'il dénonce,
tais-toi, tais-toi chanson de l'homme qui renonce !
Si lasse que ta soif soit d'elle-même, enfin
craindrait-elle ?… – Qui sait la chose que je crains ?
– Tant pis, sur les écueils, si le vieux meuble craque !

… Mouettes au cœur de sel ! Nuages de l'Ithaque !…

◆

XXXI

de la mort à la mort
nous sommes passés de main à main, de bouche à bouche,
de regard à regard,
de main à main, pauvre fausse monnaie,
de bouche à bouche, pauvre fausse parole,
par les mains de l'eau fraîche
nous sommes descendus jusqu'au sommeil des poissons,
notre chemise séchait sur le sable avec les ourlets des méduses,
– elles avaient été transparentes !
De regard à regard nous avons usé notre trame,
les mites ont mangé, pure laine, nos âmes,

et notre éternité elle-même, oh notre
éternité, a fait de l'eau comme un canot
plein d'eau verte, de feuilles jaunies et de silence
qui craque.
Eh bien ! vas-y, craque vieux cœur. Est-il,
est-il encore main qui puisse remailler
l'irréparable ? Ô, mains fuyantes, mains de femmes !
– nous avons perdu pied dans le regard des femmes
– elles avaient été transparentes !
De la mort à la mort ce n'est qu'une chanson,
on s'en lave les dents et la bouche
… Que cherches-tu dans la mémoire,
une chanson, un fruit qui fond dans la mémoire,
un fruit, rien qu'un fruit,
une chanson qui hait la vie,
la vie, la vie comptée de la mort à la mort,
cachée dans les bas de laine ou payée au comptant,
notre vie à nous tous, notre propre vie,
ma vie à moi plus importante que la vôtre,
ma vie à moi, comprenez-vous ?
une chanson qui monte de mes propres entrailles,
une chanson et qui m'étouffe,
et qui se troue au fur et à mesure qu'on la chante,
qui s'épuise et qui fond dans une bouche d'égout
– au fur et à mesure !

◆

XXXII

et cependant les choses sont là, les mêmes choses,
ou à peu près les mêmes.
À peine le regard un peu vieilli dans la tension du visage.
À peine le ressort a-t-il cédé un peu

dans le pli douloureux de la bouche vaincue…
Les méridiens tracés à la craie sur le globe
comme toujours traversent le rein du matelot
qui chante, pour tromper la faim de son angoisse.
… On songe à une bête et plate indifférence
enceinte d'un bonheur rugueux, et qui s'ignore,
longue maternité d'un infini blessé
qui tombe à terre.
À peine un bruit de conscience
et un langage à peine.
Je m'avance et je sens tinter le poids léger du monde
dans mes mains.
« Lourde légèreté. » Que la balance est juste
entre réel et songe, entre la soif et l'eau !
Quelle tendresse exacte sépare l'immobile
du mouvement et quel dieu cueille au-dedans de nous
cette prière – ou cette absence de prière ?

◆

XXXIII

Quand nous entrâmes dans le port
il y avait des milliers de vivants et quelques morts
que l'on portait au loin, hors de la ville.
Mais le port était si tranquille,
si transparent et si doré,
que rien n'y paraissait taré,
si bien que l'on eût dit que ces morts à la manque
avaient eu tort de ne pas se mêler aux vivants
sur la place des Fêtes où, jusqu'au soir tombant,
l'écuyère montée sur un cheval savant
traversa les cerceaux de feu des saltimbanques.

XXXIV

Il fut un temps, camarades,
où nos pieds enfonçaient dans la terre comme le fer à charrue,
la sève nous prenait pour un arbre, y montait
les oiseaux nous prenaient pour des toits, s'y nichaient,
et la femme venait à nous, nous prendre la semence
pour en faire je ne sais quoi –
Étions-nous donc des dieux ?

Il fut un temps, camarades,
où le sanglot des hommes monta jusqu'à nos reins
le fruit était-il donc véreux ?
le mal était-il incurable ?
Ah, il fallait jeter des ponts sur les rivières
arracher le secret aux herbes, aux entrailles
des choses –
inventer, oublier des quantités de choses !
Si ce monde est mauvais que de mondes
à naître ! Nous y pourvoirons.

Il fut un temps, camarades,
où nous nous sommes usés au monde,
où nos regards en y entrant se sont tordus comme clous
la vieillesse, la solitude,
savez-vous ce que c'est ? et l'affreuse nouvelle
qu'on meurt sur les saisons ?
Allez, allez, il faut s'agripper à la vie !
Et la vie s'est effondrée comme un plancher pourri
et la noce des jours est tombée dans la cave
avec ses musiciens aveugles…

Je ne songeais pas, camarades,
qu'un jour nous referions ce voyage d'Ulysse
les bourses vides. Il fut un temps
où nous ne songions pas que notre soif des hommes
et notre soif d'éternité
ne feraient plus qu'une poignée
de fiente, à peine chaude
– d'oiseaux.

◆

XXXV

Ce ne sont pas pourtant des visions d'insomnie.
Je veux ! Les îles sont en marche.
Je veux ! Voici le sang ancien revenu,
les villes et leurs bannières.
Je veux ! Voici le pain quotidien qui pousse
sur mon commandement
dans les antiques lois et les terres en friche.
Je fais jaillir du blé dans les vieux marbres morts
des roses dans les vieilles bibles…
– Oh ! l'homme beau sur tout cela,
l'homme puissant et qui décide et qui peut tout
– un homme, pas un songe !
– un homme, pas une voix éraillée !
– un homme sans genoux, qui chante
et que rien ne peut balayer de la terre
(pendant qu'il chante)
comme une feuille morte en la saison des loups.

XXXVI

À la fin, quand la mer
comptera les navires qui ont coulé à pic
dans sa bouche sans fond,
quelle fête pour tous les gosses de poissons !
Mais quand ils seront là, tendus sur leurs arêtes,
– laissez-moi m'en aller !

À la fin, quand le sol
comptera tous les hommes qui y sont descendus
sans se faire prier,
quel long communiqué de victoire à crier
aux rescapés des îles basses.
Oh ! le parfum de rhum, de mort et de mélasse
– d'esclaves !

Oui, nous avons trop bu !
La mer danse déjà dans nos regards, le sol
tangue. On nous a trop vus.
Ça sent le discours de la lave…
Qu'ils comptent leurs vaincus !
chassez l'odeur nue de l'esclave !
Ils ne nous auront pas à genoux, nous sommes
au-delà de la force, des lois
… ivres morts !

XXXVII

à Léon Chestov

Peu importe la vue qui voit mais que ne fouette la vision,
qui voit mais ne peut pas mordre à même le monde,

peu importe l'esprit qui n'a soif que de soi
qui bascule au tangage, que le roulis jette à terre,
mais qui ne peut incliner l'axe de l'océan
ni découvrir un monde
craignant de rien changer au sens des Écritures
frêle esprit accroché à sa vie et tirant,
essayant de traîner sa vie dans sa mort
pareil aux bateliers
de la Volga, halant depuis la berge, les
gros chalands avançant dans les remous du fleuve!

Peu importe les fleuves
à ceux pour qui la vie est de la terre ferme,
tranquillement assis aux terrasses chauffées,
j'ai vu l'eau soulevée monter à leurs épaules
elle trempait leur cœur, moisissait leurs poumons
j'ai vu et j'ai crié « au secours »
j'avais déjà crié aux premiers jours du monde
vais-je crier ainsi jusqu'à la fin du monde
j'ai vu tant de vivants devenus tout à coup
des morts et tant de morts
jeter leur ligne aux eaux poisseuses de la vie
tant de sources auxquelles avaient collé mes lèvres
sans soif et tant de soifs restées inapaisées,
tant d'ombres, tant de limbes,
que j'ai souvent frappé sur la table et crié
« À quoi bon tout cela? »
Que savions-nous si le matin était réel
le grand matin des hommes,
et leur soleil que l'on se partageait saignant
était-il vrai, était-il faux,
à quoi bon tant de navigateurs, de périples,
de continents nouveaux, de paradis perdus,
de panoplies, de consciences,
où traînent leur ennui les princes de l'exil

parmi des souvenirs de cors et de tueries ?
Assez, assez mon insomnie !
Le monde est là peut-être, mais suis-je bien en lui ?
Je passe et il ne reste rien dans le miroir,
pas même un trou
et j'ai beau m'exercer sur les mots hors d'usage
comme on redresse au marteau les clous qui ont déjà
servi, tordus, et qu'on les enfonce à nouveau,
il n'est pas de chanson donnée à tout le monde,
je ne peux pas fermer les yeux,
je dois crier toujours jusqu'à la fin du monde :
« il ne faut pas dormir jusqu'à la fin du monde »
– je ne suis qu'un témoin.

◆

XXXVIII

Quel pavillon, jadis, flotta sur cette hampe
un peu de sel aux lèvres, une amertume au lit.
Vas-tu vomir enfin ton âcre mort, scolie ?
La vie ça te connaît comme une vieille crampe.

La Terre quelque part. C'est la même folie
et la même insomnie... et c'est la même hampe.
Oh ! finir proprement en un coin de l'estampe.
Et que le vent t'emporte, duvet du pissenlit...

Non, ce n'est rien... Pitié des hommes. Et de moi-même !
Je n'ai plus que mon sang pour t'allaiter, poème...
Tu es si lasse, ô voix qui crie dans les déserts.

Mon cœur est-il vraiment trop lourd pour ces vendanges ?
Meurt-on sans le savoir sur la cuisse des anges ?
Dieu, dans sa propre nuit, a-t-il les yeux ouverts ?

XXXIX

Ulysse, il nous faudra nous quitter ; la terre cesse…
Les rats, depuis longtemps, nous ont rongé les cordes,
et les mouettes picoré la cire de nos oreilles –

Liés par nous-mêmes, c'est trop !

Veux-tu que l'on se jette à la mer – librement ?

J'ai hâte d'écouter la chanson qui tue !..

Le mal des fantômes

Non lieu

J'ai voulu écrire ces poèmes dans le goût dévorant de mon siècle. Si j'ai résisté, d'où m'est venue cette résistance ?

J'ai voulu être de cœur avec mon temps, de chair avec l'histoire. Pourquoi cette pente me fut-elle refusée ?

Il m'a été donné de connaître les libertés du poème, ses limites, son essence, ses facilités redoutables, ses soi-disant obstacles, dérisoires. Je connais le sésame qui l'ouvre. Et j'ai déserté, j'ai trahi la cause dialectique.

Non, ce n'est pas là, tant s'en faut, de la poésie ! Quelque chose de plus fort que moi, de plus délibéré, *me tire en arrière, me propulse en avant. Quelque chose de plus puissant que moi monte en moi, m'envahit, me dévore, brouille mes plus secrets desseins, me* force *à exprimer à travers le bric-à-brac des structures lyriques les moins apparentées, les plus dépareillées, les plus décriées, la confusion d'un esprit que hantent, pêle-mêle, des vœux, des présages, des superstitions, des calembours, des ténèbres et des essences.*

Le ridicule m'apparaît d'une telle expédition à rebours, d'une telle exploration des antipodes. J'ai tout essayé pour fuir, me dérober. Mais de quelle digue me servirais-je ? À qui en appellerais-je ? J'ai voulu être avec vous, camarades. Je n'ai pas pu. Pardonnez-moi !

◆

I

D'autres que nous ont fait la traversée
de cette vie, de ces mers.   L'écume
de l'inconnu bava sur leur visage.

Ont-ils erré longtemps d'une fenêtre
à l'autre, sans oser!
                                        Ont-ils pesé
les matinées à voiles du peut-être!

Ces jours sans horizon, ces mers sans pli,
ces continents sans nom… que d'amériques
pour les pêcheurs de perles de l'oubli

et quel malaise au gris de la matière
quand des remous s'y creusent tout à coup
pareils à des idées silencieuses…

– Qui leur avait jeté autour du cou
le nœud coulant, têtu, de l'Aventure
(pendant que la bolée de cidre doux

râpait leur gorge?)
                                        Bars de la marine!
Paquets de corde, ô ports, accordéons.
Et cette odeur de TEMPS dans la narine.

… Soleils de l'au-delà! Ouvrages longs
faits à la grosse aiguille par des esclaves
couchés sur les saisons…
                                                Qu'il ferait bon,

qu'il ferait bon s'étendre sur vos nattes
et oublier, aux sources du sommeil,
l'immense bruit d'empires et de bottes

EN MARCHE…

◆

II

Oui, pirates, baleiniers,
navigateurs tenaces du sensible,
n'ayant d'aucun destin à témoigner,

ont traversé ces mers accoutumées
dans l'anonyme flux des horizons,
traçant partout leurs routes – de fumées.

À peine un fin sillage de leur court
périple.
Noms sur une pierre
encres
séchées sur un registre.
Bref discours :

nés à…
morts à…
perdus en mer…
Et une
date en regard de ces événements
fragiles feux follets d'une lacune,

pas même attestés par des témoins
de bonne foi, présents à ce scandale
d'apparitions et de disparitions

mystérieuses…

◆

III

Oui… Pourtant, en songe,
le front collé aux vitres de la nuit
où ce qui est demeure en ce qui change,

je les ai vus entrer en leur sommeil,
dans le murmure long du miel sauvage,
et s'y coucher, farouches, sur le seuil.

Je les ai vus aussi, aux heures d'huile,
quand la pensée ressemble à un ibis
debout, sur une jambe et immobile,

jeter (d'un muscle rude et aguerri)
leur dur harpon au dos des solitudes.

Variante sur ms, vers 6 :
et en sortir hagards et englués

◆

IV

De cette vie, de ces mers l'écume
est tout ce qui demeure entre les doigts ;
et dans le clair regard, un peu de brume.

Nuit dure
étoiles froides
croix du Sud...
Mais cette odeur de pluie : où donc était-ce ?
Voyons :
Marseille ? Gênes ? Port-Saïd ?

et la fillette nue sous sa robe
qui souriait – où donc ? – en effeuillant
les tours penchées aux aubes de l'Europe ?

On a beau dire : ça tient chaud au cœur
tous ces riens !
Pourtant, nous les quittâmes...
Il nous fallait partir...
Mais cette odeur

de pluie tendre la fillette nue
les tours penchées l'Europe. Tout cela
ça chante encore en nous, et ça remue.

– Ont-ils vraiment, usés et vieillissants,
tourné le dos au bruit de leur périple –
eux-mêmes ?
Êtres évanouissants,

noms à coucher sur une pierre
cippes
brisées
nés à...
morts à...
perdus en mer...
Fantômes délicats fumant leurs pipes.

◆

V

Des conquérants, des jeunes…
Dans la nuit,
les yeux ouverts si doux en leur coquille
muqueuse tendre où brille le regard,

comme une flèche en pointe, de sauvage,
– sans regarder le pont sous leur hamac,
ni les étoiles prises dans le piège

des eaux, ils sont couchés.
Que le sommeil
est bon quand par le chas de son aiguille
le fil du rêve passe en un clin d'œil !

Que le sommeil est loin, quand on y entre
comme un garçon craintif dans l'eau d'été,
orteils, chevilles, cuisses, puis le ventre,

et qu'on titube au seuil des nénuphars,
– ces écolières nues de l'eau tendre.

Variante sur ms, vers 2, 3, 4 :
les yeux ouverts, si chauds, sous le silence
qui en été, soudain, emplit le fruit

et met dans ce qui fuit un bruit de neige,

◆

VI

D'autres nous, aux planches des vieux tomes.
– D'autres que NOUS ?
L'écume les a vus.
– La MÊME écume ? Histoires de fantômes !

Que cherchent-ils au centre de mes fils
ces AUTRES !
de leur plainte délavée :
« Oui, nous aussi », « Oui, nous aussi ! »
– Qui, ILS ?

Qui – NOUS ?
Le vent soulève les surfaces.
Ah ! vivre dans un monde rabâché
où d'autres « eux aussi »…
Et qui nous cassent

la tête – vieilles barbes, vieilles scies –
avec leur éternel « la même écume ! »
(un grain de sable usé dans leurs vessies).

– D'autres que NOUS – vraiment ? Les MÊMES mers ?
Qu'en savent-ils, le diable les emporte !
Mangés par des requins eux-mêmes morts,

sous des étoiles mortes, aux mers mortes…

◆

VII

D'autres que nous ont fait les argonautes
dans les bas-fonds d'eux-mêmes !
Ils dormaient
de ce côté du monde, mais dans l'autre

(ayant quitté l'envers pour un endroit
de même trame hélas) ils jettent l'ancre
sonore.
Ici et là, le même toit

offert au long désir ! Quelle agonie
que cette terre étale et cette soif
d'événements dans la monotonie

d'où l'acte, enfin ! jaillit, musicien,
couvert de violence et de bataille,
de sang sauvage et sombre d'indien.

– Galériens d'un songe que nous eûmes,
de force nue, énorme ?
– Négriers,
banqueroutiers, colons…
Splendide écume

des métropoles ! Cœurs de proies. Chercheurs
non d'or, mais de victimes. Forte race
brassant des mondes. Ravisseurs. Danseurs.

Qu'est-ce pour eux le sang naïf et louche
– le tien, le leur ! – ce fleuve primitif

issu de Dieu?
Un verre de gros rouge

à boire.
Puis briser le verre.
Puis
celui qui en a bu.
Le fleuve coule…
Qui donc encor voudra y prendre appui?

◆

VIII

… ont-ils vécu leur songe? Ont-ils vaincu?
ont-ils mené à bien la traversée
de cette vie, de ces mers?
– Et nous?

◆

IX

Car à présent c'est notre tour.
Des femmes
enceintes des vieillards assis sur nos
bagages.
Lourds.
Nous-mêmes des bagages.

Feuilles que vent emporte. Étranges feuilles
portées par quelque automne sur ce pont.

Atones.
Loin de la forêt.
Au seuil

d'autres forêts humaines.
Et nous fuyons
sans fuir, le long des âges, en nous-mêmes
les meutes du Dehors.
Nous écoutons

le vent de l'avenir mouvant les voiles
des mers inapaisées. Et le sanglot
nous laisse nus en face des étoiles.

– Qu'il ferait bon de vivre, sous les pieds
la terre ferme.
Humaine !
Mais la Terre
nous est un long boa dont l'amitié

est incertaine et fourbe. – Hé oui ! des proies.
Du feu fuyant…
Mais eux ! Des êtres LENTS !
pas comme nous !
Eux-mêmes des boas

inassouvis. Immenses. Immobiles !

◆

X

Vaincus d'hier, vomis par la marée…
– Qui veut de nous pour une nuit ?
La nuit
est une barque aux terres amarrée.

Tous – des passants! Chassés de quelque trou.
Pas un à qui ne pèse son visage.
Je les ai vus. Plus humbles que des loups.

Des gens sans nom, sans dieu, sans âme. Ô lisse rien.
    Tous – inconnus!
                    Ils avançaient
sans avancer, dans l'œil de la police

(du même élan qui porte le gibier
vers le chasseur, la faim dans les entrailles,
et les chapeaux usés chez le fripier).

– Pitié pour eux!
                – Ô plainte de marmailles!
Nous avons cru les mers finies.
                        Vrai,
qu'il y en a de mailles et de mailles.

◆

XI

Pays du nouveau monde! Ça commence
par des chevaux de bois. Un pas de plus,
dans la musique nue et c'est l'enfance

qui sur le môle usé du familier
s'embarque en elle-même.
                    Quel voyage
dans la houleuse mer du mobilier

où tout se fait écueil et tout astuce,
pour empêcher le havre d'échouer
au lourd royaume du marché aux puces!

Où êtes-vous, étranges compagnons,
petits marins d'eau douce, que le large
devait casser: épaves et moignons?

– Ils dorment sur les planches: patriarches,
femmes enceintes, gosses scrofuleux,
portés vers l'arc-en-ciel au gré de l'Arche

... Quelle chanson jolie que la Faim!
ça chante tout à coup, quand nul n'écoute,
(faisant un violon de l'intestin)

seule au milieu du monde.
Ô monde!
Berce
ces vieux enfants bouffis qui rêvent de
ripailles, de métiers et de commerces,

de ta statue géante, Liberté,
au seuil du port immense. Tas de rêves,
feuilles que vent emporte en la clarté

de l'aube. Et dans le tas, sur le pont sale
quelqu'un remue, si pareil à moi –
et néanmoins... Il rêve? Non, il parle...

XII

« Pas même seul. Des tas. Des tas de SEULS ! »
Ainsi jadis criais-je en un poème
où ce long vers rimait avec « linceuls »

faute d'une autre rime – ou du courage
d'abandonner le texte inachevé
quand on n'est plus le maître de l'ouvrage.

« Pas même seul ! » criais-je.
                    Et ce long cri
revient encor en ce décasyllabe,
tel un fuyard en quête d'un abri.

Combien de fois le thème en ce prélude
revient et reviendra : « Pas même seul ! »,
aux touches d'orgue de la solitude ?

« Des tas ! » Cœur envieux, il roule en toi
l'heureux noyé sauvage sur le fleuve
dont tu n'as su – ni pu – trouver l'emploi.

« Des tas ! »
          Je les ai vus.
                    J'étais du nombre !
Que d'ombres ! J'en étais. Nous attendions –
nous attendons encor la fin du monde.

« Des tas de seuls ! » Chacun sur son ballot
assis, colis perdu, une monade –
et cependant figure d'un ballet

mystérieux, mobile, monotone
d'Iphigénies en marche vers l'autel…
Mais tout à coup le Chœur : « Quel Dieu ordonne

que nous ayons tout seuls, sans être seuls,
à traverser ces mers et cette vie
sans autre rime riche que « linceuls » ?

◆

XIII

Empires nés
                    empires écroulés
l'un surgissant de l'autre et l'un dans l'autre
disparaissant. Pressés de s'écouler…

– Qu'est-ce pour eux, ivrognes de l'émeute,
qu'une charrue à l'aube s'éveillant
qu'une mamelle émue, qui allaite ?

Qu'est-ce pour eux le cri du nouveau-né
– épi de blé tout nu que l'on écrase
dans la musique immense de l'année ?

Qu'est-ce pour eux la vie de tous les jours
pleine de son fini, heureuse d'être,
peignant ses longs cheveux dans l'eau des jours

telle une fille en ses amours ; enceinte
d'une chanson ; l'œil tendre ; bleuissant
un vol d'oiseaux naïf sur toile peinte.

Empires nés –

empires écroulés!

Durs moissonneurs de vent pour qui la vie
est un engrais léger

– ensemencez

le mal mystérieux, la peine nue,
ce tubercule dur où se rompra
le peigne long et fin, de la charrue.

◆

XIV

Tout est dans tout. Ô monde! Apothéose.
Rien ne se crée; rien ne disparaît.
Tout tourne en rond autour de quelque chose.

Quelle poussière de soleils morveux
qu'un grain de sable! Un monde à la dérive…
À peine l'Éphémère dit « je veux »

– où est-il donc? Où sont les ombres douces
qui m'ont quitté aux rives d'autrefois?
Chanson d'une aube morte dans ses couches.

Tout coule, coule… Oh! temps sorti des gonds.
Socrate au bord de l'Ilissus… Tout coule
Jésus cloué au bois… Tout tourne en rond!

Poussez, orties, aux vers de l'Odyssée!
Un long puma traverse d'un pas lent
l'Épître à l'Ange de Laodycée.

Œil vague de l'abîme… Vieux Pascal
traînant le sien.
                    – Et nous ?
                              « – Que nul dorme
tant que Jésus… »
                      – Pitié !
                              – À l'hôpital,

au cimetière, aux bagnes, aux casernes,
dans les tripots, aux mines, aux bordels,
« mignonne, viens voir… »
                              L'homme des cavernes,

de l'Âge d'Or, des âges successifs…
le même lourd chameau, le même arabe
chercheur de puits.
                    La mort saisit le vif

en marche, juif errant, changeant de pose,
tournant autour de quelque chose qui
tourne à son tour autour de quelque chose…

◆

XV

Nulle musique ne saurait guérir
ce qui n'a pas été par la musique
blessé.
      Et nulle Paix, réconcilier

(en quelque soif donnée) le Lamentable
avec lui-même.
                Nulle éternité
verser l'oubli du temps, à l'incurable.

– Prier, mais OÙ ? Le Temple est écroulé !
La voix titube aux pierres, dans le vide…
Prier – mais QUI ? Les pierres ont roulé…

Pourtant ILS nous ont dit : « Prenez les harpes !
(c'était au bord des fleuves) Jouez donc,
esclaves ! Sonne, ô vin des vieilles grappes ! »

Mais nous : « Quelle musique peut guérir
le cœur captif, le mal de ce fantôme
las de toujours renaître, pour périr ? »

C'était au bord des fleuves. (Nous y sommes.)

◆

XVI

« Dieu de mes pères. Tendre sous la rouille !
Tienne sans doute est la vengeance. Tiens,
le juste jugement et les dépouilles. »

Ainsi, jadis, aux bouches du désert,
nous T'appelions.
                              Et c'est toujours le même
désert
        les mêmes sommes-nous
                                             ça sert

à quoi, d'y revenir ? La route est longue.
Es-tu Celui qui meut le devenir
avec quelques liquides et diphtongues ?

« Si tu es bien Celui qui nous créa
de rien et d'être, juste à la surface,
– comme de vase et d'air, le nymphéa,

pourquoi, Seigneur, au centre de ton lustre
mis-tu ce grand Soleil pour éclairer
d'un même amour les justes – et l'injuste ?

Oh puisses-tu de Gog et de Magog
comme jadis répandre les entrailles,
et de la main, briser contre le roc

leurs tendres nouveau-nés ? »

◆

XVII

– « Tu veux ? »
                    – Arrête !
Suave est ta Justice ! Qu'il fait bon
la contempler.
                    Pourtant, que vaut la Fête

sans le retour final, par ton pouvoir,
du bien ôté ? sans fuite, en la matière,
du mal créé ?
                    Ô, soif du long Savoir,

qui veut l'éternité ! Miséricorde !
Est-il possible ô Père, que le Sang
fût la mystique rose de ton Ordre

inengendré ?
… Pirates, conquérants,
je les ai vus aussi, de la démence
ou de la grâce, étranges instruments,

tomber, les yeux ouverts, dans cette danse
de l'être.
Transparents.
Tout comme nous
bâtards du vieux mystère de l'Offense.

◆

XVIII

Oui, ils sont morts dans cette terre nue,
tout seuls avec leur mort. Ils dorment là
couverts de mille mouches inconnues

(mouches de viandes, vertes ; mouches d'eau,
couleur de fond d'étang ; couleur de vide)
… des demi-dieux enfin ! visage beau,

cruches rendues au sol, mais de peau lisse,
pleins de leur propre creux.
Non pas vidés,
tordus, et enlaidis par ta justice,

pesés dans les balances de ta Loi
– mais comme des lézards cherchant la fuite
dans l'univers aveugle du sang-froid,

ivres de leur paresse. Hors d'atteinte !
(Tels d'Ici-Bas, ils semblent.)
                                        Cœurs fermés
à cette Terre d'où jaillit la plainte

immense de l'Histoire…

◆

XIX

                                Oui… mais nous,
ça nous connaît l'Histoire ! Femmes enceintes ;
vieillards ; malades ; gosses scrofuleux.

Sans rêve, sans espoir – Dociles briques,
vils matériaux placés dans le milieu
de cette histoire qui se fait…
                                        Cynique !

– inique Histoire ! Eux – les conquérants !
Et nous – les égorgés !… À eux, quand même,
le pain (un peu rassis), le lit (de camp),

la femme (au ventre frais), les soirs (d'ivresse),
toutes les joies terribles d'ici-bas ;
l'oubli du lendemain…
                                  Dans leur détresse,

quand l'heure extrême amène ses remous,
qu'il sonne clair encor, de leur triomphe,
le chant fini.
                      Eux, eux toujours !
                                          Mais nous,

pas même ça ! Bâtards de l'éphémère !
... on donnerait parfois l'éternité
pour une de ces heures de la terre,

vécues selon la terre, dût le fruit
fondre aussitôt que neige dans la bouche
inassouvie.

◆

XX

Mais, après la nuit,

vient l'aube. Et dans ses yeux (fermés ou presque)
quand toute soif s'apaise et que se meurt
le bruit immense de la soldatesque,

quand le silence emporte les vivants
couchés aux flancs de la prostituée
– des gosses effrayés criant « maman »

(à l'heure de la fin, ce sont nos mères
vieilles, aux cheveux gris qui tout à coup
mettent de l'éternel, dans l'éphémère),

sous les paupières d'or, que reste-t-il ?
Rien
        – des noms sur une pierre
                                        encres
séchées dans un registre
                                état civil :

nés à (qu'importe)
Décédés à…
Comme,
comme le monde meurt entre les cils !

◆

XXI

Le monde meurt. En route, vieux fantômes !

Qui veut ressusciter d'entre les morts ?
Ivresse ! Faut-il donc qu'elle sanglote
toujours – encore – l'ancre dans les ports ?

… Terres de l'au-delà ! Nuits féeriques…
Quoi ! Échoués aux visions sans voir,
vils papillons pour lampes électriques ?

– on nous ramassera sur les trottoirs.

◆

XXII

Trompettes de la Fin ! Rompez les sceaux !
Un paysage trouble d'albumine,
de rats fuyant les cales du vaisseau

– d'épaves ! Et un exode (vieux modèle)
interminable d'hommes, de soleils,
vers d'autres terres, d'autres mers.

NOUVELLES ?

Y a-t-il quelque part un autre dieu,
d'autres soleils et d'autres hommes ? – AUTRES ?
– Pourtant, ce sont les mêmes que je veux,

oh, oui ! le même dieu, les mêmes hommes,
les mêmes vieux soleils. Et cependant –
pas tout à fait les mêmes… Étrange somme

où l'on se rêve à peine, délié
de toute attache, ride et transparence ;
d'un long oubli de soi – inoublié.

Ah ! l'ancienne féerie. Commerces,
métiers, chimies, études…
Et ta statue
géante, Liberté ! – Qu'il est amer ce

terrible appel qui fuit et qui nous fuit,
et qui soudain se pose sur nos vergues
tel un oiseau de mer.
Mais, dans la nuit,

tous seuls dans l'infini de ces systèmes
qui grouillent en tous sens, nous avons peur.
Peur du sommeil – du rêve – de nous-mêmes

où roule le vieux Sang. Et nous restons
(pendant que l'Aube énorme et ouvrière
chantonne – en balayant les horizons)

– au seuil de l'Inconnu… Photogéniques !
Pleins tout de même – d'une larme – dont
s'accroît – la masse d'eau – de l'atlantique.

◆

XXIII

D'AUTRES humains (du moins je le présume)
ont regardé la vie par leurs carreaux
couler avec ses barques dans la brume.

D'autres QUE NOUS (flâneurs, grammairiens
mûris au miel intime du poème,
philatélistes d'éternels riens)

ONT FAIT leur lent voyage de tortue
le long des côtes maigres du connu,
sans épuiser leur feuille de laitue.

LA TRAVERSÉE sans doute avait si bien
mimé le temps, coulé avec les choses
du même rythme et imité le train

DE CETTE VIE – si pleine de mesure! –
qu'elle coula sans bruit dans un portrait
pendu au mur – de Sage – à l'embouchure

du Songe.
Nulle houle DE CES MERS
ne vint, de son écume, sous la lampe,
emplir leurs têtes vides d'univers

quand – de leur plume d'oie, bouleversée –
ils écrivirent sans pâté, d'un trait :

« D'AUTRES QUE NOUS ONT FAIT LA TRAVERSÉE… »

1942-1943

Titanic

Titanic

I

C'est un rêve effrayant et je m'y trouve encore.
– Une chose mouvante et qu'on appelle Terre
coule à pic, lentement, hors du regard de l'être…
À bâbord, le linge sèche comme avant le déluge,
calme le jeu d'échecs se poursuit, un pion avance,
la danse dans le hall pénètre dans les chairs
avec l'odeur sucrée des tropiques…

Sur le pont qui descend lentement hors du regard de l'être
la lumière est debout, elle a peur de tomber,
les hommes sont debout, ils ont peur de s'étendre,
congrès de fantômes debout,
ils crient : « Qui veut bien m'acheter ?
Tant pour ma liberté, tant pour ma conscience,
tant pour mon corps, ce n'est pas cher,
baisse de prix sur la justice,
quarante sous la sainteté
saison de blanc, Dieu est en solde,
la vente se fait au comptant ! »

Et parmi eux, à travers eux, en eux,
secrète, répugnante,
une chose invisible, tenace, obscène, lente,

suscite des rapports nouveaux,
éclate comme un pus patiemment mûri,
fait sourdre le soleil terreux des insomnies,
monte dans les gosiers comme un vomissement,
bleuit la rose des cancers
sous la dentelle des corsages,
et *soudain* c'est un vent furieux de destruction
immobile – dégels dans les pôles, démences,
longues agressions mijotantes, perfides,
couvées aux chefs-lieux de l'esprit,
et la valse du malaise emmêle les chairs pantelantes,
secoue le plateau à verres des danseurs,
opère les échanges, les assouvissements,
les blessures primordiales,
le réveil des substances humides au plaisir,
la délectable angoisse
de gaspiller l'éternité
pour une longue et pleine minute de néant.

À cinq minutes de la fin du monde
l'orchestre attaque le Tonnerre…
La Beauté meurt d'épuisement
sur les genoux des spectateurs
émus par cette Nuit savoureuse entre toutes…

◆

II

… Je vais inaugurer ma seconde tournée
et mon second voyage parmi les hommes neufs,
le voyage d'un homme assis
mais qui regarde encore à travers les fenêtres…

« – À quoi servent-ils donc ces bateaux, se dit-il
à quoi bon fouetter toujours le mouvement,
et voyage-t-on sans soi-même ? »
Assis sur les tropiques ou sur les pôles froids
qu'est-ce qu'un homme après tout ?
Quelqu'un qui a peur et qui crâne
qui aime la joie et qui jeûne,
moitié réel, moitié fictif,
qui souffre du foie et du songe,
qui aime ses dieux et les mange
et dont le cœur durcit un morceau de pain…

Mais ce cœur est rongé d'ennui comme le mien,
comme le mien aussi salé de solitude
on ne peut s'embrasser qu'à travers un miroir,
se toucher qu'à travers un fleuve de silence
et le corps que j'étends sous mon ventre
est déjà loin. Peut-être dort-il ou rêve-t-il ?
Comment saisir ce qui se quitte ?
cette ville est-elle donc une ville vraiment
et ce réel une chose *vraie*,
vraie comme l'air, le sang, le feu, le diamant,
et non une féerie derrière une vitrine,
engendrée d'elle-même ?

Nos rides poussent dans la glace
nous vieillissons dans l'air, dans l'herbe
et le monde se refroidit dans notre sang…

Sans doute il est un temps pour appeler la joie,
il est un temps pour croire :
« À nous le fleuve ! À nous le Bruit ! À nous la Joie ! »
… Mais connaissez-vous donc l'angoisse de l'usure ?
l'angoisse de vieillir ? la peur d'être étranger ?
le pus de l'humiliation ?

– « J'ai froid », dit à présent le vieux chasseur de phoques
retour des mers polaires.
« Je me sens seul », grelotte le Chef, qui tout à l'heure
était hissé sur la tribune
par les millions de mains gercées de la Bêtise.
« L'amour, est-ce qu'on en mange ? » disent les cheveux blancs.
Et le Poète peine sur la chanson rassise
qui l'a fui, par les fentes des nombres et des mots :
« Qu'on ferme la fenêtre », dit-il à ce printemps
qui naguère chauffait ses lézards au soleil…
Il est assis tout comme moi, ici :
« À quoi servent-ils donc ces bateaux ? » se dit-il.
« Assez du mouvement perpétuel, assez.
Je veux un autre pain, d'autres cuisines
des choses fixes, s'il se peut.

Qu'on brise les fenêtres, dit-il
et voyage-t-on sans soi-même ? »
Il grelotte de froid, tremble de solitude
(a-t-on oublié l'homme seul ?).
Et il se penche encore sur l'homme, l'homme neuf,
par une très vieille habitude,
– tout comme moi !

◆

Robinson

I

Le matin t'a lavé dans ses grandes eaux
il jette dans tes yeux les fourmis du soleil –
tu reviens à la nage
suspendu à ce beau premier matin du monde !

La chair meurtrie par les coqs,
les éclusiers ramassent les quelques litres d'air
et la poignée de chaux
dont ils auront besoin pour huiler leurs muscles.

Quitte la femme chaude enfouie en ta peau,
mange un croûton de pain et va.

Voici les routes
au milieu des terres, comme un paquet de cordes
jetées.

◆

II

… La terre est apparue aux premiers appels du matin…
Un mot de toi, la ville est devenue brûlante,
un mot, les hommes naissent au bord des passions
un mot, la vie éclate!
Et je cherche le *sens* de ces températures
horreur du mouvement, chute et bond,
le monde, qu'est-ce donc que le monde, ce point!
la vie, qu'est-ce donc que la vie, cette goutte de sang!
ce Rien vécu d'écueils ma paresse s'y use,
je te connais sommeil, esprit,
musique avachissante du vieux renoncement
tu bouches tes oreilles à l'homme,
que t'importent les cris venus dans les veines de l'épaisseur,
les sommeils pleins d'empreintes de mains inavouables
… que t'importent
le drame que grossit le couteau d'une vitre,
la belle langue obscure des condamnés à mort,

le hoquet illisible dans la phrase humaine,
l'agonie sur cette taie défraîchie,
la vie enfin vaincue, l'agonie,
le temps enfin rongé, aboli…

◆

III

La vie n'a pas besoin de musiciens pour mettre
du blé sous les paroles, des fraises dans les voix
le mouvement déjà est parti, il projette
le sang de la campagne jusqu'aux marchés des villes.

Qu'un instant l'aiguilleur s'absente de lui-même
et toutes les figures : gibier, poissons, épis,
enjambent les frontières mentales –
s'offrent en chair et os à tous les carrefours.

Ô jardins, même pas suspendus ! Quelque part
le voyageur s'égare dans une forêt d'hommes ;
il écoute dans le ventre des employés des postes
la chanson écrémée et simple des laitières.

Mais y a-t-il encore des voyageurs, des pas
dans le sable, des touristes dévorés par des squales,
des îles ovipares où pousse l'ancolie,
des bateaux échoués sur des lithographies ?

À travers le charbon, l'essence et le pétrole
voici que le visage de l'homme s'est noirci.
Voici qu'il penche sur ses outils de travail :
le rein, le foie et le poumon.

◆

IV

Dépêche-toi. Voici la joie et la misère des hommes.
Dépêche-toi. Voici leur sort.
Le pain ne pousse pas sur l'arbre du sommeil
la femme n'aime pas les cuisses de l'eau fraîche.

◆

V

Une pensée nouvelle qui grince sur ses gonds
s'applique à supputer les chances
des structures qui doivent jaillir, des navires visités
par des voix dans les cales sèches…

Et tandis qu'étameurs, débardeurs, forts des halles
partageront enfin l'os à moelle des villes
– les paysans qui labourent la terre jusqu'au vide
sont avalés aux horizons.

◆

VI

Dans les bistrots écoute la chanson perforée
des pianos mécaniques. Une belote éclate
comme un magnésium. Il reste entre les doigts
quelques dorures sales.

Banlieue chargée de feu et d'air comme un fusil
tu entoures les hommes de mers et d'horizons,
une grève sournoise et lente rôde autour
de la pensionnaire aux yeux bleus.

◆

VII

Machines qui broyez les muscles et le sang
ouvrez un hublot pour l'orage,
que soit le roc visité par la foudre
humilié d'amour des pieds jusqu'à la tête.

Que soit le nom crié de sommet en sommet
frotté comme un galet de mer par les figures,
comme un galet blessé, une biche souffrante,
au bord des grandes eaux.

Le tremblement de terre est en route. Quel est
le mot de passe cri ou chanson ou sésame ?
L'arbre de l'existence
sera-t-il le premier des arbres foudroyés ?

◆

VIII

Révolte. Quelque chose gonfle les chairs. Soudains
orages. Les massacres commencent par le blé.
Dors l'enfant, dors, la terre
jette le cri aigu des indiens sauvages.

Mystères sourdement captés, les coquillages
ô portes repoussées, ô vertiges, le sang
primitif et sur les mouchoirs de lumière
la face aux yeux verdis et fientés du dieu.

Et le prote, crotté d'huiles phosphorescentes,
assemble longuement en caractères gras
les crimes de la nuit –
qui ont fleuri aussi simplement que les fraises des bois.

◆

Villes

I

Le silence coula sur mes mains
c'était un orage de sable
la ville était pleine de sable
où donc étaient-ils les humains
j'avais beau courir dans le vide
suivi lentement de mes pas,
le vide était plus plein
qu'une poitrine gonflée qui fait sauter les pressions,
le vide était si plein,
j'avais si peur qu'il n'éclatât
que soudain j'ai pensé qu'il me fallait crier
ressusciter la vie
souhaiter le sifflet des bateaux, des sirènes d'usine
la rumeur des meetings, des fleuves de glace qui cassent
sous la poussée du printemps,
les vitrines brisées des grèves générales,
le bruit strident des rémouleurs aiguisant les ciseaux,
    les couteaux,

la criée des poissons dans les halles,
les plaintes des 'chands d'habits, des rempailleurs de chaises,
des pianos mécaniques et des musiques perforées.

Je vous appelais du fond terreux de mon angoisse
sonorités des étameurs, des camelots, ô chansons nasillardes
des marchandes de quatre-saisons qui font au printemps
    maladif
l'opération césarienne –
Et peu à peu je vis céder mon insomnie
mes oreilles bourdonnaient, une sorte d'âcre paix,
une paix nauséeuse,
pénétra dans mon sang avec une vieille odeur de draps
et mon sommeil ouvert comme une bouche d'égout
buvait les cantiques pieux des machines à coudre,
le ronflement régulier des tuyaux de vidanges,
le souffle léger de la vie qui monte et qui grince, ô poulie!
Le bruit de plus en plus fatigué de la vie.

◆

II

Fuites de l'Or! Ô menstrues désirables!
Les hommes sont sortis dans la rue comme les escargots
après le tendre orage!
Voici qu'ils soupèsent le grain de l'épi en bijoutiers attentifs
qui savent le prix angoissant des choses,
le temps les surprend immobiles dans les cafés sordides
la tête gonflée de pensée comme les pièces d'échecs,
partis les bateaux de commerce sur le sillage des stroms
on suit l'itinéraire dans les journaux du rêve
sous les pluies battantes et les soleils lavés,
les pays font des révérences les uns après les autres

ils changent leur chemise du jour pour leur chemise de nuit,
escales vous éclatez dans la nuit comme vitrines de Noël.

Ô marchandises tendres dans le berceau des cales
trempées jusqu'à l'os par une canzon napolitaine
aussi irréelle que les émigrants qui la chantent
vous rêvez des ponts de troisième où des juifs chassieux
sanglotent en hébreu, assis sur des caisses d'oignons,
ils pleurent immobiles, perclus d'étoiles froides
et personne ne les attend de l'autre côté de la nuit…

Sans doute êtes-vous nées sous une meilleure étoile
car une pensée veille sur vous et vous protège
                    ô marchandises tendres,
une pensée qui brûle les reins fictifs des hommes,
                    voici que tout à coup
ils prient en se jetant la face contre la terre
pour le café du Brésil et les fourrures du pôle
il se fait un instant d'angoisse dans le monde
les marches qui descendent de plus en plus profond
                    sanglotent sous les pas,
et la Prière active la marche des machines,
fait fondre en mer le sucre candi des icebergs,
stimule les bielles secrètes de l'angoisse,
fait circuler le sang atroce de l'espoir.
… Prière, espoir, désir, angoisse : dieux de honte,
                    figures de l'esprit vaincu
qui gisez sur la paille humide de l'humain,
voici qu'on vous confie les leviers de commande
comme on appelle aux muscles féroces des bagnards
                    dans le bateau qui sombre
                    sur le sommier des horizons.

◆

III

C'est toujours cette sale musique intermittente
comme un vieux mal de dents fidèle et titillant
cette sale musique à moitié mécanique
qui traîne par la porte ouverte d'un bistrot
le sang opiniâtre de quelque meurtre ancien…

… et me voici cherchant du pain dans une ville
c'est plein d'affiches tristes et de murs où l'on pisse,
plein de boulangeries,
j'ai faim et mon visage est couvert de boutons
la nuit sort des bouches d'égout
on étale des nappes blanches pour éclairer
les trains vaseux des banlieues,
il ne pleut pas bien sûr, mais il pourrait pleuvoir,
ce serait un tam-tam placide de gouttières
les tziganes penchés sur les oreilles versent
quelque sale musique à moitié mécanique,
c'est à fendre le cœur quand on a bien mangé
des cailles rôties à point arrosées de vin rouge
– j'ai faim et mon visage est couvert de boutons
une vitrine éclate dans la nuit, sa lumière me soupèse,
je ne peux m'arracher à ce piège infini,
une femme qui est seule pianote dans le vide
peuplé de gens bruyants,
les soucoupes augmentent et le regard se vide
elle croise ses jambes, on voit ses jarretières,
la peau sanglote dans le vide
– Joue Tzigane, viens plus près de mon oreille,
la nuit sort des bouches d'égout
la femme a le vertige : son sang coule à présent
avec l'entêtement d'un robinet qui dégoutte

dans une cuvette estropiée –
je sens qu'elle a froid à son ventre…
Joue Tzigane
quelque vieille musique à moitié mécanique
– Non, il ne neige pas, mais il pourrait neiger
ça ferait une nappe de plus, une belle nappe
avec des bonshommes de neige
pour les enfants qui prient après avoir dîné –
la neige monterait et couvrirait le tout
la femme en entrouvrant la porte sortirait
usée et chancelante
un peu de musique à son bras.

◆

IV

Et j'ai dit à mon propre espoir : Que me veux-tu ?
Pourquoi me harceler sans cesse ?
Cette terre me plaît aux entrailles douces
ce nuage d'été se pose dans mes yeux
comme un sanglot de joie,
ces lignes qui descendent et montent – c'est le monde
ces lampes qui s'allument et meurent – c'est l'esprit
ces bœufs au souffle lourd derrière les comptoirs
ce sont pourtant mes frères,
la ville souffle à présent comme une femme en gésine
mais patiente un peu : dans une heure au plus tard
sa danse jaillira dans le sang des hommes,
si puissante, si dévorante,
que la mort passera juste à côté du temps.

La fête de la chair commencera bientôt,
cette chair qui me plaît, aux entrailles douces,

le long des quais, des gens la tête sur la pierre,
de moitié dans l'esprit qui souffle des égouts
seront visités par des voix –
et chacun mangera son rêve quotidien.
Dans les taudis, la nuit venue,
chacun aura sur sa poitrine
le beau lingot d'un songe d'or
et un billet aller-retour pour un voyage
salué des mouettes,
vieilles dentelles de Venise...

Et tandis que la mort prendra les escaliers
pour fermer ci et là quelques paupières lourdes
la musique partout giclera comme le sang
si puissante, si dévorante,
si près des puretés anciennes,
que nous pénétrerons sans crainte et sans nausée
dans l'eau tranquille de la mort.

◆

V

Il neige quelque part derrière les fenêtres,
la neige a recouvert les noms vaseux des rues,
le vent agite l'œil huileux des réverbères –
qui donc moissonnera le champ de coton de la nuit ?
Dors l'enfant, do, l'oreiller est blanc la neige est chaude
il est bon d'être encore au pays de la mère
il est dur d'avancer au sahara du froid,
dans les rues sans toits les yeux éteints des loups
ici et là les hommes meurent, les orteils gelés,
ils se sont allongés dans la neige poliment
une prière blanche sur les lèvres.

La nuit est pleine de chansons d'ivrognes,
l'alcool flambe dans les viscères de la nuit…
  – Fouette cocher, la neige monte,
il fait chaud quelque part dans un intérieur
une femme enlève sa chemise, elle ne garde que les bas,
le désir d'elle-même la hante, elle prépare son rêve de nuit
il faut tout prévoir à l'avance,
  – la neige monte, monte,
c'est le moment du tête à tête avec soi-même
des comptabilités intimes
l'insomnie croise l'épée contre ses propres visions
le sang est froid qui coule des fantômes,
les humbles à présent sortent des tirelires
leurs petites économies
ils pèsent du regard ces bijoux de ténèbres
ces beaux péchés à peine plus lourds qu'un diamant
ces désirs qu'on ne peut payer d'une prière
et tout à coup sans bruit
le meurtre et l'incendie vomissent sur les draps
le vieux monsieur entrouvre la petite fille qu'il désire
– la neige monte, monte, fouette cocher,
il fait chaud quelque part dans un intérieur,
  une femme quitte sa chemise –
ça fera un peu plus de neige dans le monde…

◆

VI

Mais au-dessus des terres, à la merci des voix,
la Ville suspendue aux mille sonneries…
Des ondes ont été lancées et à présent
elles rongent le monde de leur gangrène lente,
  sans qu'on décèle leur présence.

À la lumière atroce des choses, gains et pertes,
un va-et-vient énorme de marchandises invisibles
débouche des zones lointaines
préside aux répartitions
des heures, des marées, du pain quotidien.
Est-ce une invasion fantôme?
Le sang, la viande, l'or et le pétrole étrange
Existent-ils vraiment?
Existent-ils vraiment ces dieux lointains qui nouent
les mailles de notre sort?

Puissances sans figure!
Une absence nous creuse sur l'oreiller du vide,
la matière n'est plus possession mais échange,
le moindre événement du pôle
nous fripe le visage,
à l'affût d'illisibles et vagues incidents
à la merci du plus infime des désastres
quelle chose sera digne de notre espoir?
… et quelle chose digne de crainte?
La source de la vie s'éloigne, elle est si loin,
là-bas dans les pays où la chose et le nom
ne sont que le noyau et la pulpe
d'un être indivisible!
Pays de l'Utopie!
Objets que la main touche et saisit!
Feu dévorant qui brûle!
Eau salée et iodée des mers!
Poids et saveur de toute chose!

Ici il n'est pas trace de terre dans le sang,
les verres isolants nous protègent des chocs atmosphériques,
des tessons de soleils parvenus jusqu'à nous
des catastrophes primitives –
suffisent à nos besoins d'adoration.

◆

VII

De toutes parts la vie éclate, de toutes parts
des paroles, des cris, des bals, des épluchures
et les lumières traînent leurs robes de soirées
– qui versera cette nuit dans le goulot des nuits ?

Voici que le travail s'écoule des gouttières humaines
les sirènes d'usine ont cessé d'agiter notre sang,
liberté, une femme s'avance devant nous comme une île,
une île flottante bientôt mangée par les brouillards
et le bateau s'éloigne avec ses musiques loufoques,
d'une solitude à une autre il n'y a qu'une rue
une rue comme toutes les rues avec des hommes usés,
enceints de quelque mal ancien qui ne pardonne pas,
une femme avance et son cœur frappe dans le corsage,
un monde de désirs équivoques éclate ci et là
sur les taches que font les pays sur le globe,
le globe tourne et les taches tournent aussi dans la nuit,
je marche dans le sens inverse pour fuir le mouvement
de toutes parts la vie éclate, de toutes parts,
sur le trottoir une ombre pèle –
que n'ai-je point assez ?
Vies usées en quête d'autres vies usées
nous cherchons nos plaisirs avec des organes usés
le cri du plaisir est plus rauque que l'aiguille des phonos
de foire, la musique enfin s'est dévêtue,
ô nuit peuplée de faces exsangues et grimaçantes,
on avance lentement, il y a place dans les vitrines du sommeil,
les montres se sont arrêtées et le temps commence
assez crié assez sangloté assez vu
assez rampé assez louvoyé assez fui
assez baisé, assez vomi dans les ténèbres

assez rangé les unes après les autres les fourmis du savoir
assez enragé, assez connu les soleils de la faim
la ténèbre secoue le prunier des visages,
assez sauté de roc en roc, de vie en vie.
Liberté, à présent le sommeil nous est dû,
sur un lit, sur un ventre, ou le plancher à vaches,
nous avons accompli notre devoir de vivre
c'est beau la vie, la mort est une autre chanson
d'autres êtres paniques vagissent déjà accrochés
aux seins plantureux de la femme –
partons!

◆

VIII

… et je suis à nouveau descendu dans la rue.
Aube, tu balayais les grands pavés souillés,
la bouche des métros avalait les passants sans défense
les gares séparaient les gens avec des rails
les trains partaient livrer de gros paquets de fièvre
aux zones inhumaines –
et le linge séchait au vent comme un lézard.

Je pensais à l'effroi de toutes ces existences,
aux réveille-matin grincheux, aux bouilloires fumantes,
aux lavabos aigris par les vomissements
aux lourds sommeils troués d'angoisse
aux femmes qu'on quittait au lit, encore chaudes,
les yeux gluants, l'odeur mauvaise,
la chemise trempée de rêve et de sueur.

Mais déjà les bistrots remplaçaient les trains
les cafés dans les gorges faisaient des nœuds bouillants

les journaux déployaient l'insomnie du jour
et les chairs étaient pleines de brouillards traînants
on se voyait à travers des vitres d'épaisseur,
pendant que le soleil absent faisait des signes
sur les marchés ouverts où les poissons de mer,
l'œil fixe, reflétaient le bel incendie de viandes
suspendues sur le pont de cette arche de Noé
qui transportait cette fois-ci tous les fruits de la terre
brosses balais rubans lacets cirages peignes
un couple de chaque espèce
pour refaire à nouveau le monde anéanti.
Dans le quartier du Temple, près de la synagogue,
les juifs faisaient descendre le prix du diamant.
Cette baisse jetait un froid dans les prières
Dieu lui-même mourait couvert de mouches vertes
à côté de culottes déteintes de bretelles,
de monceaux de savons et de parfums en vrac.

◆

IX

Vers midi les sirènes d'usine jettent leur chant de coq.
La faim s'étend d'un bout à l'autre de la ville.
Les bureaux lâchent leurs tentacules,
le boa du travail desserre son étreinte
et les visages quittent leur peau usée et molle,
le regard lentement sort comme un escargot pour tâter
    l'air humide,
voici la traction de la langue elle commence à respirer,
le vent instable agite les feuilles des poumons
        sous les ponts de la Seine
        l'eau roule lentement
        les bribes d'une peine
        qui monte d'un chaland

c'est la chanson de la faim qui dévore la ville
au Zoo on nourrit les serpents de petites proies vivantes
et les draps ont quitté les grabats pour les tables
sur les nappes de vieille neige
le sel a effacé les vomissures rouges
voici les couteaux les salières les fourchettes édentées
– qui donc animera cette nature morte ?

La graisse a envahi les plats.
Les bouches s'ouvrent sous les moustaches.
L'estomac délicat presse sur les corsages
et le cross des garçons défile au pas de course
sous l'œil de la caissière sans corps, qui nous sourit…
Femmes guillotinées des villes, ô caissières
puissiez-vous rencontrer
le prince charmant
qui rompra le charme
vous rendra les jambes
vous transportera
aux pays magiques
– mais à présent le monde cesse,
une espèce de joie monte dans les poitrines
un lourd sommeil déjà picote dans les yeux
les sexes se réveillent
souvenir de vacances
avec la femme nue étendue dans le sable –
on n'a qu'à étendre la main pour saisir la terre
qui court comme une folle se jeter à la mer.

Je pense aux humbles joies de toutes ces existences
à la monnaie qui traîne près des bouteilles vides
aux femmes qui chantonnent sur la lessive sale
aux gosses crottés de soleil…
Les chairs chantent encore, mais l'esprit et le cœur
seront dans un instant repris par la machine

éponge, elle prendra ce qui leur reste d'air,
avilira le sang,
et mêlera son goût brûlant de destruction
aux graisses mal encore digérées de midi.

◆

X

La meute des chiens de la nuit se jette sur la Ville
le jour en s'en allant ferme les magasins
                    – dans les bistrots l'alcool éclaire
les prairies des billards où roulent des moutons…

… Au cinéma les hommes se tiennent coude à coude
avec le même cœur et les mêmes entrailles,
détachés, étrangers à leur propre vie,
ils l'ont oubliée, ils ont honte de leur propre vie
ils l'ont enfouie en dedans comme un affront que l'on cache
leur propre vie pourtant qu'ils n'osent embrasser
    sur la bouche,
qu'ils traînent avec eux, comme un vieux parapluie,
– ces vieux parapluies qu'on oublie sur la banquette
    d'un tram –
leur propre vie pourtant, la soie déchirée et sans manche…

… et je pense aux misères de toutes ces existences
massées dans cette cale avec un seul hublot
                    ouvert sur l'univers fictif –
figures rongées de sommeil et qui ont peur de vivre,
voyageurs, voyageurs assis sur une chaise
les actes précipitent les mols événements
un dieu capricieux dérange l'équilibre des choses
il a pitié de nous,

il substitue l'ordre du rêve à celui du réel
il fait de l'ouvrier renvoyé un prince de sang,
l'ouvreuse descend l'escalier monumental de l'Amour
dans un tissu de musique,
une magie sombre défait sa chevelure,
voici qu'une femme s'avance dont, à travers la jupe,
on devine les cuisses fermes,
elles passent de main en main, on les soupèse,
elles restent longtemps dans les mains du boucher
qui veut troquer son fonds contre une maison de mode
mais l'épicier déjà les ouvre, c'est une huître,
sa femme, à l'hôpital, vomit sur l'oreiller…

Voyageurs, voyageurs assis sur une chaise,
la nuit fond comme un fruit juteux entre nos mains.
Sur le pont des bateaux, des émigrants *réels*
enlèvent de leur cosse
le poids nourricier des étoiles fines…

◆

XI

… mais le meeting est une tempête dans le sable,
le sang ouvre ses portes battantes à l'orage
et je pense au courage de toutes ces existences
qui ont rompu le fil barbelé du danger,
à la misère affreuse de toutes ces existences
qui se sont réunies pour fuir leur solitude,
à cette peur qui ronge toutes les existences,
qui sonne aux heures creuses et fades des matins
le grand réveil des villes…
Ô masses de paquets, vivantes et grelottantes,

ici une ligne invisible passe à travers le globe,
l'axe du monde passe par vos reins,
elle lève partout le même vent de haine,
sème les mêmes fièvres,
un appel est venu des confins de la terre gercée,
un cri a parcouru les lèvres de l'espace,
il enjambe les frontières
pour crier d'une voix folle dans nos oreilles :
Frères de Billancourt, je suis un ouvrier bulgare
voyez mes mains qui germent au printemps nouveau,
nous avons aussi un soleil mais il pourrit dans les banques,
nous avons aussi une vie mais elle pourrit dans les bagnes,
nous sommes pauvres, pauvres comme nos frères les loups
trop pauvres pour chasser les esprits et la mort
mais non point assez pauvres pour mendier notre vie
pas assez pour permettre que l'homme devînt Dieu,
un dieu plus dur aux hommes que le destin aveugle…

Écoutez : un malaise fécond a embrasé la terre,
un volcan invisible fume en chacun de nous,
dans l'œil du magnésium
de grands pays nouveaux éclatent,
les mers changent de lit sur les cartes du monde,
je vous aime mes sœurs de lait, mutineries,
bagarres intestines au fond des océans,
une ère nouvelle commence de mouvements sans fin,
entendez-vous le cri de l'homme,
ce cri qui étouffait dans le gosier du temps,
ce cri perfectionné au fur et à mesure qu'on le pousse,
il exige aujourd'hui, il exige… Écoutez :
le pain et le sel de la Terre,
une sauvage, neuve et vierge Pureté !

◆

XII

La nuit nous aspire à nouveau
une lave brûlante recouvre les cris, les voix, les bruits,
la ville a disparu mangée par les fourmis du sommeil
Pompéi enfouie sous l'oreiller de la terre,
je m'enfuis poursuivi par tes cendres ardentes
solitude, éperdu, je m'accroche à toi,
bouée de sauvetage
plus seul qu'une biche aux abois qui voudrait être un arbre
plus seul qu'un rat d'égout
fouetté par le vide, battu de visions,
avec une insomnie nouvelle dans le sang.

Et je pense à l'effroi de ma propre existence
à la fuite éperdue qui me ramène à moi,
à ce goût du voyage dont je reviens plus pauvre,
à cette soif des hommes dont je reviens gelé...
Pardonnez-moi, mes frères, de vous avoir cherchés
avec un cœur sans foi, avec des mains gercées,
j'ai crié avec vous, j'ai pleuré avec vous
– que ne puis-je arriver à croire à votre vie?

Le jour s'en va, la nuit va vous rendre à vous-mêmes
elle rompt les liens, dévore les paroles,
détache les canots humains
les visages s'effacent, ils meurent un à un,
l'eau se referme sur la blessure des rames –
vous êtes rendus à vous-mêmes...
À présent nous n'avons plus rien en commun
que cette lampe sourde battue de visions,
rien en commun que cette sourde
lumière d'au-delà, la source souterraine,

l'affreuse, cette même affreuse solitude
qui ronge les vivants –
d'une gangrène d'or qui les rend invisibles.

◆

Radiographies

I

Travail, métiers, commerces, la petite ville est là
avec de vieilles filles patinées par le vide
au seuil des merceries où le soleil antique
époussette les bijoux poussiéreux des regards.

Parée pour le dimanche, ô poupée sans nombril,
tu essaies un à un tes instruments de songe,
rubans, peignes, onguents, chapelets, verroteries,
balais usés des sorcières.

Les juifs sortis des pures études de la faim
font un pas de menuet de l'offre à la demande
vêtus de prières anciennes –
ils captent le client par des moyens magiques.

Les paysans viendront dans une odeur de foin,
de cette terre lointaine trempée par les étoiles
acheter du vertige, du bruit, de longs malaises,
outils de première nécessité, pardi !

Paysans en chemise brodée et une plume au chapeau
plus purs qu'une carafe d'eau fraîche,
craignant comme une biche égarée dans un salon
de poser les sabots sur les trottoirs de verre.

S'en iront-ils plus vite boire leur eau-de-vie
afin de remonter les aiguilles du cœur
à deux pas de l'église où le bois peint du Christ
s'effrite pour la rédemption des caries ?

Les enfants ont sauté sur les chevaux de bois
dans la démangeaison aiguë des musiques,
en un monde qui tourne –
qui tourne sans savoir pourquoi.

Sarah, voici trente ans que tu comptes le temps
et que ton sexe tourne à vide comme une crécelle,
quelle étrange mathématique que la vie
cette langue qui n'a pas été déchiffrée.

Quelque part des marins qui sentent le varech
boivent dans les beuglants du port, avec des fesses
de femme, sur leurs lourds genoux – ils ont connu
les orages qui fouettent le cap des solitudes.

La vie n'est pas ici, est-elle donc là-bas ?
Est-il donc quelque chose qui réponde à la soif –
à cette jeune soif qui fait tourner les cœurs –
nos cœurs de vieilles filles ?

◆

II

C'est au marché aux puces que je t'ai retrouvé
visage de l'angoisse –
graissé comme une vieille machine
une machine à coudre, une machine à moudre.

Fontaine de jouvence où meubles et parapluies
qui ont servi pendant mille ans
retrouvent leur sourire vierge
redressent leurs ressorts tordus.

Les mêmes meubles et les mêmes parapluies
les mêmes juifs râpés qui ont beaucoup servi
retournent à la circulation
du sang, des choses, du destin.

Vies humaines rongées comme de vieilles monnaies
retournent dans le grand courant numismatique
– d'où prendraient-elles le repos ?
les voici imprimées de figures fraîches.

Sont-ce des choses vues déjà en mon enfance
ou dans une vie antérieure ?
Le siècle passe, ou bien une averse de trains –
qui a le temps de mettre un nom sur les visages ?

Peut-être sommes-nous les mêmes un peu partout
le temps peut-être est-il le même –
c'est pour cela que rien ne change
que seul vieillit le *changement*.

Les dieux priés avec les mêmes hiéroglyphes
ils ne nous baisent plus du baiser de leur bouche ;
nos cris usés comme vieux clous
n'enfoncent plus dans l'Éternel…

Les paroles ont perdu leurs sens depuis longtemps,
si longtemps –
                et voilà, crénom ! qu'elles mûrissent
au seuil du temps qui vient –
de grands événements *passés*.

◆

III

Vendredi, le bain turc nous recevait chez lui
avec ses gradins en bois comme au théâtre antique,
où des vieillards assis, frappés d'insolation,
dormaient de l'œil ouvert des crocodiles nains.

Un chœur de juifs fumants comme un potage chaud
évoluait d'un bout à l'autre de la scène,
prêts à entrer en transe
dès que le dieu viendra aux bouches de l'oracle.

Confuse exposition d'instantanés bougés,
de bras sans corps, de corps sans visages, de ventres,
de pieds ridés et flasques dont les orteils pointaient
les bijoux délicats et agressifs des cors.

Les sexes mous pendaient le long des cuisses maigres
sexes de patriarches où l'on prêtait serment
jadis, quand Jehova emmailloté de nues
poussait le long bétail des juifs dans le désert.

Une âcre odeur de songe et de sueur flottait
dans cet aquarium où des viandes molles
projetaient des lueurs visqueuses et miroitantes
les membres d'une espèce marine révolue.

Une sorte d'angoisse voluptueuse et pure
courait le long des dos et se jetait aux reins,
avide de garder dans le repli des chairs
cette joie glandulaire, obscure et utérine.

◈

IV

à Line

L'enfer passait par là sans doute mais, le soir,
éclatait tout à coup l'orage des prières.
La foule entrait au cinéma des synagogues,
des visions de feu éclaboussaient le noir.

Le rémouleur divin aiguisait les esprits
Vertige ! Vous voilà bêtes d'apocalypse,
montées du fond des temps, courant sur les parois,
alléchées par le chœur des anges souterrains.

Colère, tu montais du parchemin antique
plus pure que jamais. La route, vers ton œil
énorme, reculait. Du grand cratère éteint
une larme lointaine roulait sur mon visage.

La crécelle des voix tournait à la lueur
laiteuse des bougies. Quelqu'un cachait le temps.
Les étoiles sortaient timorées de la huche
du ciel et Samedi passait les frontières.

Samedi pénétrait dans les maisons bénies
sans repousser les portes, et dans les verres pleins
trempait ses lèvres… Lors, les vaches mettaient bas.
L'Esprit comptait sur terre les hommes misérables
et secouait la grappe des morts parmi les vifs.
Les navires avaient de ces nausées étranges
qui font monter les tripes aux dents.
Mais les poissons,
l'œil d'or, étincelaient parmi l'argenterie

de table de grand-mère.
Une clepsydre hostile
comptait avec mon cœur le temps qui s'écoulait
qui s'écoulait et qui n'est jamais revenu –
et qui ne reviendra qu'au jour du Jugement.

◆

Le poète et son ombre

I

J'ai demandé aux volcans : que dois-je faire à présent,
et que feriez-vous à ma place ?
Aux montagnes : quelle est cette soif qui vous tente,
le lait de vache est-il mauvais
la barbe de la terre pique-t-elle ?
J'ai demandé aux fleuves : pourquoi partir à pied,
quitter la maison chaude, le ventre de la mère,
le dieu tué par les ancêtres,
l'œil bleu de notre enfance,
et s'enfoncer dans les ténèbres
pour boire dans le vide ripoliné de frais
la bière des pays nouveaux ?

Je me suis accroché aux bateaux : pourquoi s'éloignaient-ils ?
La terre elle a du bon, elle ne bouge,
ça sonne si plein sous nos pieds,
source de certitude !
J'ai demandé à la lumière : pourquoi changer de place,
faite de deux moitiés,
couchée au rebord des étoiles ?
Le foin, il a du bon le foin,
l'eau-de-vie n'est pas mauvaise,

il y a des filles dans les foins,
leur ventre sonne le désir.
J'ai demandé au monde : pourquoi, monde,
tournes-tu sur toi-même
le cœur dans la nausée ?
Appelles-tu l'écartèlement éternel,
les virages d'éternité ?

J'ai couvert de mon corps le tremblement de terre
je lui ai dit : pourquoi trembler ?
Assez de visions fumeuses !
Les cités sont dessus, Dieu lui-même est dessus,
si tu trembles voici que les cités s'écroulent
Dieu lui-même s'écroule.
Briques du Dieu épars !
Si l'herbe se met à pousser dessus,
si les orties, si la fiente
si les enfants pissent dessus
où donc serait-il ton visage,
ce visage dont j'ai besoin,
tranquille comme une eau où l'on couche sa tête ?
J'ai demandé à Dieu : où vas-tu à présent ?
Faut-il marcher aussi longtemps pour te rejoindre ?
C'était si bon de rester là,
jouer avec les vieilles ombres
et les débris cassés de mouvements anciens.

◆

II

La tempête va tout balayer – qu'elle vienne ! –
Plus l'écume d'un seul oiseau
entre moi-même et le regard.

Le grand vent se pose partout,
il vérifie la solidité des astres –
mais où est-il passé l'espace?

La solitude vient – est-ce bien la dernière?
Quelqu'un déjà tourne de l'œil
dans un naufrage sans mémoire.
Voici que des soleils très mûrs
marquent l'éveil des insomnies
– mais où est-il passé le temps?

Je sens qu'il faudra être grand
dans cette solitude vierge
que vient de balayer le vent –
oiseaux plus grands que neige...

Nuit de tonnerre!
La guerre civile fait rage,
les hommes mordent le trottoir
avant de tomber dans le vide –
mais où est-elle passée la mer?

Joie à venir, affreuse joie!
De ce rayonnement obscur
quelle est ma part de lumière?
Ô comme je voudrais quitter
ce cœur de papier que l'on froisse –
et cette molle éternité!

◆

III

Plus loin que moi-même les yeux fermés à moi-même
quelle est la source première, quelle est la terre dernière?

Finis les travaux des champs, *autre chose* commence
– par où pourrait-on ébrécher cette nouvelle soif?

Si je bois où boivent
les moutons fictifs
les femmes qui lavent
les fleuves captifs
se souviendront-elles
des chansons mortelles?

Voici la nuit, une nouvelle nuit qui s'allume
nous nous sommes déjà comptés avec les étoiles et les grains
cette fleur de viande ouverte à l'appétit des mains
avec des yeux indéchirables...

Si je mange et bois
le monde immangeable
j'aurais peur de quoi?
mer nuage ou sable.
Si je bois ma soif
et mange ma faim
sous quelle épitaphe
dormirais-je enfin?

À quelles neiges prochaines se blanchira mon cœur
à quel tourment ouvrirais-je mes chancelants vertiges
à quel ciel m'accrocherais-je
de mes deux mains sanglotantes?

Pourquoi demander
et ne pas répondre –
las d'avoir crié
la chute des mondes?

◆

IV

à Geneviève

J'avais si peur de ce bonheur
soudain assis à cette table !
Quelles paroles disait-il
de quelles nuits jaillissait-il,
de quelles mers, de quelles sources,
de quelle angoisse inimitable
s'était faite cette figure ?
– Sa chevelure m'oppressait.

J'ai fait appel à sa pitié !
La route la cherchait, la route…
Ô, qu'elle chante en s'en allant,
je la capterai dans mes fils,
dévêtue par le cri des coqs,
la peau lavée par les pays,
pleine de noms comme un navire,
pleine de mers comme une carte.

Qui parle de peur à nouveau ?
Choses qu'on quitte et qui se quittent !
Trop de neige, je vous le dis,
trop d'îles dans les mains de l'eau !

Ce grand mouvement qui se casse,
et qui se lève et se ramasse
rompez-lui le cou, déchirez
sa navrante monotonie !

Je ne l'avais pas appelée
mais puisqu'elle est là, à ma table,
je veux cette cloche enfouie
qui sonne le temps à rebours.

◆

V

Voici que le temps a sonné comme un esprit frappeur
les instants où le miel des choses s'accumule
dans chaque maison de la terre, dans chaque famille,
unie par les liens subversifs du sang.

Autour du feu, autour des saisons, de la table
les forces conjuguées ont charrié ici
comme un torrent la pierre, les voix et les troncs d'arbres,
sous l'œil du père qui commande aux éléments.

Les gosses ont quitté les poches de kangourou
de la mère, qui veille sur nous comme une lampe.
Ils grandissent, l'oreille à terre, pour entendre
les merveilles hostiles et louches du dehors…

Dans cette paix de l'ordre établi, des navires
qui arrivent en temps voulu, des choses mûres,
voici qu'une parole, un regard, une caresse, un rien
jeté comme un gravier dans l'étang tranquille,

déclenche un cercle long. Tu montes et tu gonfles
(ô travail furieux et souterrain des eaux!)
un petit, si petit conflit, qui sur-le-champ
n'est qu'un léger nuage d'angoisse sur les tempes.

Dans chaque maison de la terre, dans chaque famille,
un petit, si petit conflit, enfle les veines des mains,
aigrit les regards, déborde comme un égout gorgé,
altère le sens des paroles.

Et soudain, quelque chose éclate vers minuit,
une haine que les mains ont peine à retenir,
un orage gonflé de sanglots et d'injures
qu'éclairent les poignées de cuivre des regards.

Haine qui fait sauter les pressions des cols
et des corsages – sourde explosion de grains,
qui jette le rein du fils contre celui du père
et la moitié de pain contre l'autre moitié.

… À présent que l'orage est passé, que la pluie
ruisselante a lavé les soleils huileux,
chacun a emporté ses blessés en lui-même,
chacun a sécrété le vernis apparent de l'oubli.

Dans cette paix de l'ordre rompu et des navires
blessés, l'ortie qui rompt les grands pavés disjoints
mûrit sous les regards réconciliés et clairs
les lourds effondrements futurs.

◆

VI

Nous nous sommes penchés sur tout le corps de cette terre
avons-nous assez soupesé dans nos mains ses entrailles
assez humecté son vagin de nos pleurs
assez crié d'amour et de mort sur son ventre!

Nous nous sommes cherchés et qu'avons-nous trouvé –
que nous-mêmes?
Des fleuves nous touchaient fleuves de solitude
derrière la masse des eaux des visages venaient vers nous
visages d'eau paroles d'eau
et nous avions beau briser ces miroirs implacables
notre vue s'obscurcissait devenait si lointaine
que les corps qu'on touchait devenaient froids soudain

Tout seul plus seul encore que d'être avec moi-même
j'ai peuplé mon néant de visages à moitié inhumains
je touchais leur réel puisqu'ils étaient irréels
je partageais le sang de mon cœur avec le leur
sur la bouche ils avaient la moitié de ma bouche
d'une vie j'ai fait deux vies
je criais: Hosanna! émerveillé de voir
la simplicité du bonheur

Mais les êtres créés par moi-même dites-moi de quel droit
les dieux leur ont fait recevoir le baptême des lois humaines
de quel droit, dites-moi, la Mort a-t-elle pu blesser
ce qui n'était que la vie, la moitié de ma vie,
des êtres qu'elle n'a pas façonnés
pas nourris de ses ténèbres
et qui ne devaient pas mourir, puisqu'ils n'étaient pas nés?

◆

VII

Et voici qu'une cloche sonne dans le métal
l'avenir, le passé, le passé, l'avenir
elle effeuille au vent noir les liasses des fatigues
elle ouvre les tiroirs des jeunes solitudes

et la fatigue sonne, sonne dans le métal
le passé, l'avenir, l'avenir, le passé –
la même vieille, vieille, vieille rengaine du temps
qui chante, cependant que le sang mûrit
l'avenir, le passé, le passé, l'avenir
Chant du renoncement, j'ai mal à mes cheveux
voici revenir les vertus, les tisanes nauséeuses
les purges de la Justice, les somnifères de la Sagesse
les bouillottes de la consolation
voici que la Paix me replonge dans une enfance rebelle
les mots ont à présent la fièvre et ils sanglotent
le passé, l'avenir, l'avenir, le passé
le même, même sanglot qui court le long des âges
la même vieille, vieille, vieille rengaine du temps.

◆

VIII

J'étais attaché à ces riens,
mais plus encore à moi-même.
À peine a-t-on franchi le seuil
qu'on tourne autour de quelque chose
comme un soleil désemparé…
Qu'on ouvre la porte seulement
le monde se jette dedans –
combien résisteront les digues ?
Qu'on ouvre l'œil, voici le cirque
où dansent les chevaux savants.
La vie déborde l'écran !
J'ai beau m'accrocher aux fauteuils,
la faim qui monte des entrailles
s'apaisera-t-elle jamais ?
Il fait si chaud, si bon en moi,

j'ai effacé toutes les traces,
c'est comme un feu de bois tranquille,
des ombres passent à travers
le bois craque, les ombres craquent…

Je vais m'allonger sur le dos
moitié ici, moitié ailleurs,
les jambes posées sur le vide,
les bras ballants, les yeux ouverts
de l'autre côté de la nuit…

◆

IX

Croyez-vous qu'il suffise de naître pour chanter,
                    et de mourir pour vivre ?
Je suis né de la chair comme le vin du diable
avait jailli des trous forés dans une table –
                    je suis né de rien,
et cependant, plus tard dans la chair de la femme
j'ai cherché cette chose amère et emmêlée,
l'obscure volupté qui m'a ouvert les yeux.
Mais comment cette chair devient esprit, le sais-je,
comment le lait se transforme en paroles
                    et le sang en angoisse
et comment la matière se mue en désespoir ?
Je flottais sans souci sur les fleuves du sang
– quel pêcheur à la ligne s'est pris à ma dorure
pour me jeter dans un filet sale et humide
avec d'autres vivants, prisonniers comme moi,
réveillés comme moi aux pires solitudes,
                    privés de leur milieu salin ?

Je sors sur le balcon et je crie : Arrêtez !
Qui se souvient encore de son pays natal ?
Cette terre n'est pas à nous,
la lumière n'est qu'une cage
et le temps qu'un fouet,

nous ne sommes que des esclaves
nos outils chantent-ils,
chante-t-il le travail
et nos poumons jumeaux respirent-ils jamais ?

Je me souviens : j'habitais le pays des paresses,
les maelströms y chantaient sur les bords.
De grands oiseaux de songe y déposaient leurs œufs
de feu et de l'eau conjugués.

◆

X

Un œil s'était ouvert
soudain dans l'angoisse des hommes,
ils marchaient dans la boue et le vent
d'aucuns naviguaient sur la mer
et d'autres labouraient le sable,
plus près tout à coup de leur sang
ce fleuve d'un monde ancien.

◆

XI

à P.-L. Flouquet

J'ai marché derrière quelqu'un – et ce n'était pas Lui.
Ce n'était pas une vraie rue,

une rue qui tout à coup se jette dans une autre
et celle-ci à son tour
dans une rue de plus en plus grande
– et soudain le bal des lumières jaillit de toutes parts…

Je marchais, je craignais que ce ne fût pas Lui :
ce n'était pas une *présence*,
une vie qui tout à coup s'écoule dans une autre
et celle-ci à son tour
dans une vie inconnue de plus en plus brûlante
– et soudain cet affreux effondrement, l'Amour…

Il avançait toujours – et ce n'était pas Lui.
Je le suivais. J'étais à deux pas de son ombre.
C'était une poursuite lente
si lente et en dehors du temps
que l'aube tout à coup étala ses marais
et que l'on étrangla des coqs, qui éclatèrent
au centre du soleil

un grand soleil *réel* qui me baisait la bouche.

◆

XII

Est-il un coin de terre où je ne sois allé
trafiquer quelque chose ?
Mais qu'importe la chose,
quand le désir en marche s'est emparé de nous !

Qu'importe le désir lui-même qui me mène
auprès de cette soif
qui le fouette – et ne peut s'arrêter nulle part
– en nul pays solide ?

Et qu'importe la soif
auprès de cette angoisse méchante et souterraine
qui ouvre les loquets aériens du sang
comme l'oiseau de mer les portes des navires ?

La Terre est pleine. Ô choses ! Merveilles du fini !
Cherchées, je les aurais trouvées… Et désirées,
elles eussent assouvi ma soif… J'ai vu partout
des êtres rassasiés de viandes et d'esprit…

Il est temps d'arrêter les frais. Mais envers qui
suis-je comptable de mes actes ?
Qui a le droit d'ouvrir les veines de mon corps
sans laisser une trace de main dans la poussière ?

Voici ma signature : je veux qu'on me réponde.
Voici mon cri : quelle est l'oreille qui m'écoute ?
Qui tourne autour de moi,
qui boit ma vie dans *mon* verre ?

Je veux ma part des choses créées et incréées.
Ma part du bruit humain. Ma part de solitude.
Le sang répond du sang. Mes voix… Ô sources claires !
Ma part du roc. Ma part de rien. Ma part de Dieu !

… et si le vrai bonheur était de se quitter
ô Joie – et de descendre tes marches sanglotantes,
jusqu'à la gueule ouverte et lente et attirante,
halluciné par l'œil magique du boa ?

XIII

… et même en admettant que je sois revenu
nous n'irons pas plus loin que nous-mêmes !…

Accroche donc ton ombre aux neiges,
voici le pain rassis qui a beaucoup souffert,
notre mère le sang et notre sœur le lait,
une musique à peine convalescente…
Toutes ces choses aux cheveux gris
tournant autour de mon délire
ont-elles jamais existé ?
Ces figures ont-elles surgi en mon absence ?
Ces regards qui se posent sur moi comme pigeons,
me pressent comme un fruit,
attendent de lécher le jus de mon voyage…
Mais ai-je vu rien qui fasse un souvenir ?
Rien qui se soit caillé, rien qui se soit durci,
et dont la densité émerge du mouvant ?

… et même en admettant que je sois revenu
fourbu, ayant manqué les grands événements,
meurtri de soleils et de sables,
mordu par le hâle et le gel
– pensez-vous que je veuille guérir de mes blessures ?
Partir, quelle folie lorsque les dés nous boudent,
les cartes m'ont été contraires et les vents…
– Danse Équateur aux longs seins d'aubergine,
donne-moi le pain cuit de tes cuisses noires
– si j'ai rebroussé le chemin au pays de mon sang
croyez-vous que ce soit pour rien ?
À présent il me semble que la chose quittée,
patinée par les ans est devenue une autre –

déjà son visage m'appelle!
Mon voyage n'est pas fini…
Venez à moi lèvres salées, fientes douces,
herbes grimpantes des intestins de la terre,
sources brûlantes!

Le voyageur n'a pas fini de voyager.

◆

Toute l'histoire me suit – suis-je un résidu ou un terme?
À la lumière du sang je redescends en moi-même,
toutes les routes se croisent, toutes les races se toisent,
j'avance sous l'œil du tonnerre
je parle: voici des bœufs mener la terre en laisse
je parle: voici les mers bouillir, les terres grasses,
je chante: terribles volcans merci de mûrir les vendanges,
je marche: et ma marche établit les échanges, les
changements,
j'ai trafiqué tout le long de l'histoire,
j'ai fait des trouées dans le temps,
dans la viande sauvage des hommes j'ai semé le Messie,
l'heure était là du sang,
cent fois j'ai été égorgé, brûlé, fusillé et pendu,
sous la barbe de Dieu j'avançais du temps que j'étais nu,
dans les métairies à midi
j'ai bu le lait des vaches et le regard des jeunes filles,
ma vue multipliait les palmes –
Terre je t'ai écoutée dans la tempête et le calme.

Dans les ténèbres de moi sans lampe je rouvre la marche…
Il est un temps de marcher jusqu'à l'épuisement,
il est un temps de prier, mais un temps de crier,

un temps de rage et de folie,
un temps pour haïr l'homme,
un temps pour se haïr,
un temps pour demander quel est le sens de l'homme,
que cherche-t-il donc sur cette terre branlante
pourquoi le fait-on descendre dans les égouts dans les mines,
le visage couvert d'urines et de boue,
pourquoi l'exploite-t-on, le frappe-t-on,
pourquoi lui crache-t-on au visage,
et lui arrache-t-on sa chanson ?
Il a beau être au centre des choses, il est SEUL
seul dans sa ville, seul aux meetings, seul encore
lorsqu'il baise sa femme –
Sa misère lui pèse, son impuissance aussi –
changera-t-il jamais le monde avec son cri ?
Il est un temps où l'eau est froide, mais un temps où elle bout,
le gaz irrésigné distend les parois et éclate,
il est un temps de mourir et un temps de ne pas mourir
de révolte perpétuelle –

Un temps de folie et de haine ?

SANS DOUTE !

L'exode

Super flumina Babylonis

Les dieux ont ordonné la mort
de ces hommes afin d'être sujets
de chants pour les générations à venir.
Homère

et voilà !

Préface en prose

C'est à vous que je parle, hommes des antipodes,
je parle d'homme à homme,
avec le peu en moi qui demeure de l'homme,
avec le peu de voix qui me reste au gosier,
mon sang est sur les routes, puisse-t-il, puisse-t-il
ne pas crier vengeance !
L'hallali est donné, les bêtes sont traquées,
laissez-moi vous parler avec ces mêmes mots
que nous eûmes en partage –
il reste peu d'intelligibles !

Un jour viendra, c'est sûr, de la soif apaisée,
nous serons au-delà du souvenir, la mort
aura parachevé les travaux de la haine,
je serai un bouquet d'orties sous vos pieds,
– alors, eh bien, sachez que j'avais un visage
comme vous. Une bouche qui priait, comme vous.

Quand une poussière entrait, ou bien un songe,
dans l'œil, cet œil pleurait un peu de sel. Et quand
une épine mauvaise égratignait ma peau,
il y coulait un sang aussi rouge que le vôtre !
Certes, tout comme vous j'étais cruel, j'avais
soif de tendresse, de puissance,
d'or, de plaisir et de douleur.

Tout comme vous j'étais méchant et angoissé
solide dans la paix, ivre dans la victoire,
et titubant, hagard, à l'heure de l'échec!

Oui, j'ai été un homme comme les autres hommes,
nourri de pain, de rêve, de désespoir. Eh oui,
j'ai aimé, j'ai pleuré, j'ai haï, j'ai souffert,
j'ai acheté des fleurs et je n'ai pas toujours
payé mon terme. Le dimanche j'allais à la campagne
pêcher, sous l'œil de Dieu, des poissons irréels,
je me baignais dans la rivière
qui chantait dans les joncs et je mangeais des frites
le soir. Après, après, je rentrais me coucher
fatigué, le cœur las et plein de solitude,
plein de pitié pour moi,
plein de pitié pour l'homme,
cherchant, cherchant en vain sur un ventre de femme
cette paix impossible que nous avions perdue
naguère, dans un grand verger où fleurissait
au centre, l'arbre de la vie…

J'ai lu comme vous tous les journaux tous les bouquins,
et je n'ai rien compris au monde
et je n'ai rien compris à l'homme,
bien qu'il me soit souvent arrivé d'affirmer
le contraire.
Et quand la mort, la mort est venue, peut-être
ai-je prétendu savoir ce qu'elle était mais vrai,
je puis vous le dire à cette heure,
elle est entrée toute en mes yeux étonnés,
étonnés de si peu comprendre –
avez-vous mieux compris que moi?

Et pourtant, non!
je n'étais pas un homme comme vous.

Vous n'êtes pas nés sur les routes,
personne n'a jeté à l'égout vos petits
comme des chats encor sans yeux,
vous n'avez pas erré de cité en cité
traqués par les polices,
vous n'avez pas connu les désastres à l'aube,
les wagons de bestiaux
et le sanglot amer de l'humiliation,
accusés d'un délit que vous n'avez pas fait,
d'un meurtre dont il manque encore le cadavre,
changeant de nom et de visage,
pour ne pas emporter un nom qu'on a hué
un visage qui avait servi à tout le monde
de crachoir!

Un jour viendra, sans doute, quand le poème lu
se trouvera devant vos yeux. Il ne demande
rien! Oubliez-le, oubliez-le! Ce n'est
qu'un cri, qu'on ne peut pas mettre dans un poème
parfait, avais-je donc le temps de le finir?
Mais quand vous foulerez ce bouquet d'orties
qui avait été moi, dans un autre siècle,
en une histoire qui vous sera périmée,
souvenez-vous seulement que j'étais innocent
et que, tout comme vous, mortels de ce jour-là,
j'avais eu, moi aussi, un visage marqué
par la colère, par la pitié et la joie,

un visage d'homme, tout simplement!

1942

◆

Aleph
Qui veut monter dans les ténèbres ?
Qui veut descendre en la lumière ?
Nulle figure n'est ici –
l'Esprit ne flotte pas encore.

Beth
Je cherche en un moi qui coule
pendant que le siècle coule
avec un désir qui coule
le dieu qui ne coule pas.

Ghimel
Le vide peu à peu se peuple
d'étranges poissons transparents
l'eau crie de se voir jaillir
sous les troubles soleils de sang
où la solitude s'apeure

– mais où est-elle l'épaisseur ?

Daleth
Que vienne à travers les vivants
l'écartelée, l'inassouvie,
avec ses oiseaux brûlants
ses quarterons de femmes maigres
ses grappes de mendiants
mûries sur les marches musicales des églises –
parmi la lumière ancienne…

He
Qu'est-ce que la soif
qu'est-ce que la faim –

le feu qui embrase,
les anges de glace ?

Vav
Si la faim vous brûle
qu'allez-vous prier ?
Si la soif vous brûle –
dites-moi, dites-moi qu'allez-vous devenir ?

Zain
C'étaient des pains durs à manger,
des ronces dures à vendanger,
du lait qui vous brisait les dents, des pis vides.

Heth
Nous avons erré dans les rues
et sangloté dans les vitrines,
nous tournions autour de choses
qui tournaient autour de nous.

Teth
L'Esprit est chair, je vous le dis,
et Dieu lui-même est eau de vie,
celui qui l'a rejoint le sait ;
celui qui en a bu est ivre.

Jod
Nous ne l'avons pas rencontré ;
nous nous sommes couchés sans force,
le ventre creux, la nuque vide,
sur le premier trottoir venu.

Caph
Le temps n'est pas encor venu
des cris, des signes, des mystères,

l'homme n'est pas encor tout nu…
Que ses villes se couvrent d'ortie et terre aride,
qu'il craigne jusqu'à l'ombre qui au soleil le ceint
et si, dans son esprit, il sent mûrir le vide, qu'il
en appelle au Saint !

LAMED
Pourquoi enfouir
les yeux dans le sable,
taire jusqu'aux noms
cruels, magiques ?

MEM
Voici que je crie après Toi,
voici je trouble Ton sommeil,
combien de temps l'écorce seule
aura-t-elle pitié de l'arbre ?

NUN
Que vienne le feu et nous brûle !
Que vienne la grêle et nous morde !
Que vienne la lèpre et nous mange !
Crois-tu que ce sera assez ?

SAMECH
Faudra-t-il la chute des mondes
pour que jaillisse une parole ?

PHE
Que la terre ne soit qu'un pain
qu'on rompt et partage entre frères
qu'un lait méchant que l'on a bu
qu'un acte déjà épuisé !

Ain
De quelles délices vives
l'Âme ébauche son désir
qui flotte entre les deux rives
et meurt de devoir mourir ?
Mouvement que rien n'épuise
– de quelle Beauté surprise
brouilles-tu la vision
afin qu'elle ne s'accroisse –
que la savoureuse angoisse
n'opère la fusion ?

Tsade
Je vois une chose sans vue
dans la ténèbre où je remue
ma langue ne peut la parler
mon oreille ne peut la taire.

Coph
Qu'elle sourde
belle Sourde
hors des gonds
des visions !

Resch
Ténèbre ! Voici ta victoire
je veux parler à ces oiseaux
dans un langage d'innocent
plus blanc que neige boréale.

Shin
Le cri que l'on pourrait crier
il n'est pas ici, pas encore,
il rôde autour de quelque bouche
il sollicite une salive.

THAV
Sa figure m'est inconnue –
mais s'il mendiait dans la rue
mon frère, mon frère le Cri,
je sauterais bas de mon lit
et lui baiserais les pieds nus !

ALEPH
Je n'avais pas revu la terre
– qui me pressait de voyager ?
Les morts m'appelaient, les vivants,
je ne pouvais les démêler.
Il y avait tant de visages
et les pays dormaient debout –
encore, encore de la terre,
– je n'en avais jamais assez !

BETH
Figures mouvantes, merveilles !
La terre n'était que de l'eau
et l'eau n'était qu'une main
endormie sur une table.

GHIMEL
Je veux vous compter, vous peser,
couteaux des fleuves, clefs des villes,
bijoux féroces de l'Esprit
sous les vitrines du sommeil !

DALETH
J'ai vu la naissance des Formes –
c'était au mépris de la vie.
Et la chevauchée des Chimères
– c'était au mépris de l'Esprit !
J'ai vu tant de choses parfaites

si heureuses d'être pareilles
et tant de choses délicates
– chacune se voulait unique !

HE
Mais je regardais de plus près :
qui déchirait toutes ces choses ?
C'étaient des grenades, des fruits
– qui donc les faisait éclater ?
Sous le visage peint et calme
j'ai vu croître une fêlure
comme une ténèbre qui pousse
ou comme un fleuve souterrain.

VAV
Ces fièvres dévorant les lits,
ces vies qui suaient leur perte,
ces songes qui hélaient debout sur l'eau des Fleuves,
je les ai vus nouer ensemble
les grands mouchoirs des continents
avec de grosses mains veinées,
rapaces !

ZAIN
Les nations couvraient la terre,
ferrées, chevelues et pouilleuses,
et la terre les nourrissait
d'écailles mortes,
viandes bouillies dans les larmes,
herbes meurtries et saignantes,
misérables incantations
arrachées à leur figure.

HETH
L'eau et la terre conjuguées –
À moi, le Feu ! Et que j'y danse

parmi les pots de terre vieux
avec le sang qui bat des mains!

TETH
Choses terribles et fondues!
J'ai vu la lumière mûrir.
Pourquoi courir après son cœur,
je chancelais dans le sommeil.
Rien que des formes invisibles
ces êtres absents que l'on palpe
et cette lèvre que l'on baise
à l'intérieur de la mort.

JOD
J'ai vu les nuages venir
le sang était plein de nuages
il y en avait dans les yeux
et sur la nappe où l'on mange.

CAPH
Les jours me quittaient pour partir
vers le fin fond des continents
– et les années me quittaient,
aucune n'allait revenir!

LAMED
Je t'ai touchée de mes mains, de mes reins,
ô Terre vénérable!
J'ai bu le lait froid de tes seins –
chair ruisselante, Fable,
Matière infinie à genoux,
ô mendiante énorme
qui crains de couler dans le trou
et sollicites forme!

Mem
Qui me donnera
le regard du trou
le sommeil perdu
sur les tables basses ?

Nun
Je ne veux plus rien fixer !
Que ne puis-je couler moi-même ?
Nulle pierre qui ne s'obstine
nulle essence qui ne regimbe...
J'ai éprouvé vos résistances
grèves méchantes et sournoises,
merveilleuses mutineries
des matières les plus soumises !

Samech
Fièvres, vous m'avez vu à l'œuvre !
Ô Joie de vaincre le refus,
de battre, frapper et polir
et de capter la source vive !

Phe
Mais j'ai vu dans l'œil de la pierre
monter une larme de sang
larme iodée et si salée
qu'elle me reste dans la gorge !

Ain
Ne puis-je obtenir une Joie
où ne s'égoutte une rancœur,
et pas une seule Raison
qui n'ait un viscère malade ?
Et ne puis-je toucher un marbre
où dort une vierge défaite

sans que la vie ne se hérisse
de mille désordres mortels ?

TSADE
Ivresses des Choses, grossesses !
De quel avenir vous faut-il
être marchandes, maquerelles ?
Marché aux puces du Futur !
Les mêmes usines de viande
pour le séisme et les massacres –
encore un transport de mannequins
pour l'accident perfectionné !

COPH
Écoute mon cri dans la nuit
et ouvre ton oreille avare.
Ce cri redresse et multiplie,
il sollicite et prophétise,
il crée d'énormes figures,
il sème une neuve Justice,
un monde plein qui tournera
autour du cri d'un homme seul !

RESCH
Les temps sont venus, je l'annonce,
des fusillades, des émeutes,
nous organiserons
le gaz, la pierre et le métal,
nous dresserons contre la mort
les immenses échafaudages
des marées et des saignées –
les ruses de l'inanimé !

SHIN
Sachez qu'une goutte de sang
est une trompette éternelle !

Thav
Et s’il n’y avait dans le monde
qu’un *seul* homme pour *une* pierre,
elle finirait par émouvoir
la grande trompette du sang,
le dieu qui dort dans cette pierre,
l’   il immobile !

◆

Sur les fleuves de Babylone nous nous sommes assis
et pleurâmes
que de fleuves déjà coulaient dans notre chair
que de fleuves futurs où nous allions pleurer
le visage couché sous l’eau.

Avec des barbes d’eau nous regardions les fleuves
fleuves qui charriaient nos âges, nos visages
ils s’en allaient comblés de chants et de chalands
avec leurs marins périssables
à travers les chimies du monde.

Fleuves aux yeux amers
captifs dans vos rivages
le cœur plein de fatigue
les os emplis de Dieu

étiez-vous faits de larmes ?
Vous couliez sous les ponts
vous souveniez-vous donc
de l’oasis aux palmes ?

◆

Chantiez-vous de la harpe
en sanglotant – Abba !
Mangiez-vous de la carpe
farcie, le Sabbat ?

Avant d'être damnés
d'être à jamais la route
cassiez-vous votre croûte
au bord des années ?

Fleuves, je vous ai vus ! Au soir de notre chute
vous aviez arrosé le paradis terrestre
quand nous avons mangé du fruit amer de l'arbre
de mort.
Que c'est loin de chez vous jusqu'au Mississipi
qui nous a vus gagner le pain
à la sueur de notre front !
Et ces chansons de nègres !
le soir, avec des paniers de coton
sur la tête
les ai-je assez entendues
sur tes eaux vastes, boueuses
qui nous faisaient souvenir bêtement
du Nil, où des ibis
sacrés nous regardaient pleurer au crépuscule !

Fleuves, je vous ai vus !
Le Nil n'est pas si loin
ni la misère ni la faim
et ces travaux des nègres sur le Mississipi
nous rappellent parfois que Dieu aussi était
là-bas, errant comme une vieille chanson
de nègres, sur les routes.

Fleuves, vous étiez comme nous prisonniers de la terre
quelle fureur de vivre vous jetait dans les mers
immobiles, à force d'être toujours en marche?
Que de fois nous nous sommes jetés dans votre nasse
pour éviter la route,
l'atroce, l'infinie, l'âcre route
celle que l'on voudrait écarter de ses yeux
comme on écarte du sommeil
ces figures qui rongent par-dedans, qui sont
ennemies de nous-mêmes et cependant nous-mêmes!

◆

La chair a beau crier: l'Angoisse est lourde.
Et l'Ange a beau gémir: il est lié.
Qui suis-je? En quelles paumes oublié?
Mer repliée au creux de la palourde.

Es-tu ici, prière? Ô grande sourde!
Je crie. Le monde me revient crié.
Rien! Rien que ce sanglot du temps nié
où pèse des soleils la masse gourde.

Pas même seul. Des tas! Des tas de SEULS!
Ont-elles droit, si maigres, aux linceuls,
ces pures ombres que l'histoire traque?

Puisse-t-il être en ton moyeu, sommeil,
ce centre où Dieu rayonne le zodiaque!

… ô terres du futur! Puissants orteils!…

◆

Chœur

Sur les fleuves de Babylone nous nous sommes assis
    et pleurâmes
– mais quelle figure avions-nous
d'ainsi pleurer parmi les hommes ?

… la terre s'attelait aux bœufs comme toujours,
comme toujours le sel et le pain gardaient les clefs
des villes pacifiques
le silence montait jusqu'au niveau de l'homme
mais où était-elle la patrie, la grande patrie de l'homme
les cheveux gris de sa mère
le fils de son épouse ?

L'homme marche, il poursuit l'avènement du monde
il porte en lui sa propre usure
sa vie s'use en lui, pèle, mûrit, moisit
– mais une mélodie nouvelle
une chose nouvelle s'empare de ses muscles
elle fermente en lui comme un vin nouveau
elle lui ferme les paupières
une chanson nouvelle qui chante dans sa moelle
elle s'avance en lui
dans la banlieue de lui-même
est-ce une chanson mangeuse d'hommes,
une chanson cannibale ?

L'homme se meurt dans sa propre chanson,
est-ce la vie, est-ce la mort ?
Il chante mal encore, mais ça viendra
– à quoi lui sert de fuir ?
Il est au bout de sa découverte du monde…

◆

Voix de l'Esprit

À quoi te sert de fuir ? L'Angoisse est prête.
– Je veux dormir. Qui crie ? Est-ce moi ?
Une lumière gicle – sang ou soie ?
C'était, je m'en souviens, c'était la fête…

Ce n'est, inimitable, qu'une voix
qui roule de mes reins jusqu'à ma tête :
– Arrête-toi ! Qui parle ? Suis-je bête !
C'était, je m'en souviens, c'était la joie…

Figures vierges. Solitudes grasses.
– Est-ce le plat démon ? Une ombre passe,
emplit mon arc tendu, de mouvement.

Délices fortes que le temps renoue !
Ô voix ! plus anciennes que le sang.
Et pas un fleuve pour coucher ma joue.

◆

Chœur

Est-il un seul pays, aux dieux de vent, de chaume,
assis avec leurs sources sur les genoux, le pain
dans leurs paumes ouvertes –
les filles sur leur ventre puissant –
qui ne m'ait pas chassé un jour ?

Il me faut avancer, marcher… Y a-t-il donc
encor, toujours, des pays vierges

– est-il encore des pays
où ne s'étale pas, moulé dans le sable,
la plante de mes pieds ?

Pays vierges !... Oh ! pourvu qu'ils ne soient les mêmes !
Pas les mêmes surtout
avec, au milieu d'eux, des statues équestres !...
Quelque chose sans souvenir,
quelque chose sans mémoire...

Avancer... Et l'obstacle de plus en plus dense.
Une toile d'araignée, oh ! même une fine toile
d'araignée est un lourd cadenas à ouvrir.

◆

Sur les fleuves de Babylone nous nous sommes penchés
    et pleurâmes
mais nos geôliers ont dit :
Chante-nous, Israël !

Tes paupières sont déjà lourdes
ton regard est déjà noyé, il coule à pic,
chante-nous une chanson
si tu te souviens du pays
où tu avais des chansons
pour endormir les enfants
pour dresser les serpents
pour les femmes à la quenouille
pour les batteuses de linge
pour les chandeliers du Sabbat
pour les miracles du pain
pour la bénédiction du vin

pour les travaux et les jours
pour les peines et les semaines…

Nous avons des chansons d'ivrognes
et des chansons pour des Baals
pour les déesses au pied marin
pour les prêtresses du Destin,
des chansons de soldats s'il en fut
belles comme des œufs tout ronds.

Chante-nous donc tes chansons !

◆

Chœur

Et quelle chanson chanterais-je sur une terre étrangère ?
Et chanterais-je ici la chanson de Sion
parmi des hommes étrangers ?

Car nous sommes étrangers les uns parmi les autres
notre langue n'est pas pareille
quand même il n'y aurait qu'une seule langue au monde,
qu'un seul mot dans le monde.
– Je parle : qui est là pour m'entendre ?
Je pleure : qui a pitié ?
Bête qu'on mène à l'abattoir
ne fais pas l'innocente !
– qu'a-t-elle encore à espérer ?
… Seigneur, je ne t'ai pas oublié !
Je me souviens : c'était de plus loin que l'enfance
l'heure où la laitue a la voix si douce
où le silence dort au creux de ses cheveux
où la fourmi avance jusqu'au bord de l'orage…

Ô Midi, recueilli dans la paume, si frais
la mort a fait des trous dans mes filets de pêche
et les poissons se sont répandus à terre
éclatants comme une poignée de monnaie de nickel…

Que me demeure-t-il à présent, si ce n'est
l'espérance ? Voici, tu m'as donné la plaie,
tu m'as retranché de ta vue,
ce sont tes premiers-nés dont il t'a plu briser
contre le roc la tête tendre.
– Jusques à quand, Seigneur ?

Voici, mes vêtements ont été décousus,
la ténèbre a noyé mon visage,
ma tête est découverte, et je crie :
Impur ! Impur !
Impur serai-je autant qu'il te fera plaisir
qu'on se moque de ton visage !
Impur ! Je suis impur ! J'habite seul.

Ma demeure est hors du camp.

◆

Le récitant

Que prenne fin l'exil en la terre étrangère !
Non de ceux qui sont étrangers sur une terre étrangère,
ni étrangers parmi les étrangers,
étranger pour lui-même,
car l'homme n'est pas chez lui sur cette terre
étranger où qu'il aille,
cette terre n'est pas à lui, avec ses lèvres de sel,

ses entrailles de métaux bouillants, sa laitance de pétrole,
ses yeux de pierre ponce
et cette pression vivace qui gonfle ses seins et les vide
– cette terre n'est pas à lui
les poissons sans oreilles ni les oiseaux sans langue,
ni la lumière lisse du bonheur,
les choses de clarté ni les choses de nuit
– cette terre n'est pas à lui tout arrosée d'étoiles,
secouée de séismes qui montent à sa gorge
toute pleine d'une eau qui fonce sous ses pieds
– terre vorace et carnivore…

◆

Un homme parle :

Le feu dévorant à l'origine, le feu dévorant à la fin
le monde est petit à ma gauche – plus petit que la main
– et j'ai faim –
est-ce faim de puissance ?
Ma tête tourne au vent salé de ces espaces,
l'âcreté sur la bouche embrasse l'amertume,
les forces contraires s'embrassent,
il y a dans le monde une Mère irrémissible,
une puissante colère depuis le temps
– est-ce l'expiation d'être venu à l'être,
principe des naissances, des croissances,
colère de ce qui pousse, de ce qui germe,
colère du taureau
qui jette les boyaux du cheval comme un paquet de cordes
sur le sable fumant ?
– ou bien l'expiation de quelque vieil oubli,
de quelque vieille audace osée et perpétrée
sous la lumière ancienne ?

Voici que je traverse la ville des hommes, voici
les dieux de la cité sont assis sur le socle
les filles vont lessiver les eaux de la fontaine
les hommes rentrent avec la forêt sur le dos
sur le marché la Grâce discute avec la Loi
la Paix salue l'Ordre avec une révérence
si gracieuse, et l'Ordre frotte ses amples mains
satisfait. Le commerce est bon. Elle est solide
la terre, sous les pas des hommes. Ils ne voient pas
la mort qui monte par l'escalier de service,
cuisses fraîches, avenante, n'était la forte odeur –
à quoi bon y penser?
elle monte une rose entre les lèvres jointes
elle cache sous sa jupe
les tremblements de terre, les volcans fumants
et nul, nul ne regarde derrière les fenêtres
couler le fleuve de la vie
les dieux dorment, le marbre clôt leurs paupières froides
– n'y pensons pas, n'y pensons pas
allumez, bonnes gens, l'œil myope des lampes
l'odeur du pain éclate comme le foin en août
c'est si bon, c'est si bon
on a envie de sangloter
– fermez les volets, bonnes gens,
dormez!

C'est long la route, qu'elles sont longues les routes
– le saviez-vous, mes frères?
Où vont-elles? Voici d'autres cerceaux de routes,
peut-être sommes-nous innocents,
peut-être sommes-nous coupables,
il y avait peut-être quelque chose à faire
dans le temps, dans la nuit, sur une autre route, sous la
lumière ancienne

– il ne nous reste plus qu'à marcher
nous avions soif, nous avions faim
la salive a gelé sur nos joues
la lumière est gelée aussi, bien qu'elle chante
– lumière, souffres-tu ?
la chair est lasse –
Angoisse, ô maman vénérable,
donne-nous de pouvoir briser cette vieille lumière
fais éclater ce fruit
plonge-nous dans la plus sordide des ténèbres

AMEN

◆

Puis le deuxième :

J'ai grimpé le plus haut que j'ai pu et je n'ai pas trouvé la hauteur
        – Où est-elle donc l'altitude ?
« Monte », nous a-t-on dit, « grimpe », nous a-t-on dit,
– et j'ai senti soudain que se glaçait la vie
elle quittait ses feuilles, ses fleurs et ses chansons
        elle se retirait sous le vent
sous l'âpre vent joyeux des vérités hostiles –
        mais où est-elle l'altitude ?

« Il faut nous élever au-dessus de nous-mêmes ! »
        – Et j'ai grimpé plus haut que moi
plus haut que la maison, la mère et que la femme
        dont le ventre était chaud
j'ai quitté les oiseaux familiers, la basse-cour
j'ai marché un instant sur la tête des hommes

plus haut, plus haut encore il fallait que je monte
afin de dépouiller mon sang
je n'aurais jamais cru que la barbe des sages
était si dure à traverser
c'étaient des fils de fer barbelés, ils mordaient jusqu'au sang.
– « Plus haut, plus haut encore! »

J'ai quitté ma chemise et j'ai marché tout nu
les pieds ensanglantés par les torrents de pierre
les paroles se raréfiaient
les biches de la neige se couchaient dans mes mains
les grands oiseaux du froid me prenaient pour une lampe
ils cognaient sur ma peau
mais le feu travaillait ma fatigue, il criait:
« Il faut nous élever au-dessus de nous-mêmes! »
L'espace devenait plus maigre
le lait des pierres était tari
la solitude avait des engelures
mais quelquefois le gouffre prenait la voix d'un
homme
il criait au secours:
« Plus haut, plus haut que l'homme! »
et cette solitude me donnait la nausée
la terre n'avait plus d'odeur
le sang me jaillissait du nez
la volonté avait des cors à ses orteils
– où est-elle donc l'altitude?
Le doute commença à ronger ma chair
qui donc avait voulu nous tromper de la sorte?
à qui profitait notre perte?
pendant que l'on montait quelle était donc la chose
que l'on voulait nous voir quitter?
qui donc nous a trompés de soif
afin de nous voler la vie
et nous jeter, transis, aux pays de la mort?

◆

Et le troisième :

Mais je m'avance dans la nuit
plus seul d'être avec moi que d'être seul
– que me veux-tu, l'Esprit ?
j'entends les éléments craquer leur cosse
la main de flamme écrire sur l'ardoise
petit, petit et sans courage
avec un cœur de gosse dans les reins
avec un sexe d'homme sur l'épaule.

Que me veux-tu, l'Esprit ? Le monde marche.
Ta voix me fouette les entrailles lâches.
Nous avançons sans avancer
et j'ai beau recueillir ta voix, mon sang se vide,
vais-je attacher mon corps qui croule de fatigue ?
toutes les femmes du sable ont bu à ma gorge
le vent est contre moi, le vent du large
nous avançons très lentement
si lentement dans l'émerveillement
que la soif elle-même fond comme un fruit très mûr
et mouille notre lèvre…

Que me veux-tu, l'Esprit, vieille figure d'eau ?
J'ai enfermé la soif humaine dans ma peau
j'ai enterré la face humaine dans le sable
– vais-je jamais pouvoir la réapprendre ?
J'ai tout quitté, j'ai fui l'amère division.
Je presse mon angoisse et j'obtiens ton visage –
mais si l'angoisse aussi venait à me quitter ?

◆

Intermède

Colère de la vision

I

Et j'ai dit à ma vision : « Qu'est-ce donc que l'Exode ?
qu'est-ce que Babylone ? qu'est-ce, Jérusalem ?
S'il n'y a pas dans le monde et sous le monde un fleuve
invisible et qui roule sous l'apparente paix,
si nul ne se soucie des innombrables feuilles
de la forêt,
si les cris des humains tombent comme châtaignes
à terre, au gré du vent,
sans altérer la paix des Anges,
qu'est-ce donc que l'Exode ?
Si ce n'est pas vraiment une chose éternelle
– qu'est-ce donc ? »
Et brusquement je fus jeté dans la campagne de France.

II

De la Somme à la Loire
le malheur s'est jeté sur nos armes et la Meuse criait :
« Fuyez !
Et nous fuyions soudain comme la pluie rousse
d'automne, gargouillant dans les gouttières creuses
des routes,
venant d'Arras, venant d'Amiens,
venant de Reims, venant de Lille,
de Tourcoing, de Rouen,
dans un orage lourd de fourgons, de camions,

dormant sur les chevaux comme des rois de bronze
– un éclair de colère usée dans le regard…

III

Hurle, ô porte !
Crie, ô raison indomptée !
C'est le feu qui s'élance,
il brûle tout le long des routes, il fait de nous
des ombres,
nous avons tout perdu, nous avons tout perdu,
il ne nous reste plus que la route, la nuit
et cette ombre, qu'au lieu de détruire
la flamme engendre.

IV

Qu'allons-nous faire si les fleuves
l'un après l'autre nous quittaient ?
Mon Dieu, mon Dieu, qu'allons-nous faire ?

La Meuse nous a fuis, la gueuse,
et la Somme s'est fait enlever…
Si tous les fleuves nous quittaient
        qu'allons-nous faire ?

La Marne, ô rusée, ô jolie,
pourquoi es-tu restée au lit ?
Ô Seine, c'est de la folie !
        Mon Dieu !

Il reste la Loire, elle attend,
elle nous attend sûrement,

toute nue parmi ses joncs
        – n'est-ce pas, ô Loire ?

Mais si elle aussi nous quittait,
à quoi bon le pain et le lait,
s'il en demeure sur la terre ?

Si elle aussi, elle s'en allait…
Mon Dieu, mon Dieu, qu'allons-nous faire ?

V

Je vous ai tous comptés
civils d'hier, comptables, boutiquiers, paysans
et ouvriers d'usine et clochards dont le nid
est sous les ponts de Notre-Dame
et bedeaux de sacristie et fils de l'Assistance
publique, tous Français de France, aux yeux limpides,
ou du Congo, du bled algérien, d'Annam
avec des palmiers flottant dans le regard
et des Français venus des îles Caraïbes,
Français selon les droits de l'homme,
fils de la barricade et de la guillotine,
sans-culottes, le front incorruptible, libres,
et des Tchèques, et des Polonais, des Slovaques
et des Juifs de tous les ghettos de ce monde,
qui aimaient cette terre et ses ombres et ses fleuves,
qui ont ensemencé de leur mort cette terre
et qui sont devenus français, selon la mort.

VI

Le jour s'achève, c'est la nuit
encore un jour, encore une nuit

encore un siècle sans sommeil
et l'éternité sans arrêt
devant nous.

Le fleuve humain coule et s'écoule.
Encore un fleuve d'insomnie
encore un fleuve de visages
coule dans mon regard
                                        et mon visage aussi
coule dans le regard des autres.

Finira-t-elle cette nuit ?
Ah, si elle était une glace
on pourrait la casser,
si elle était une maison
on pourrait y mettre le feu,
si elle était un ventre
on en arracherait l'enfant
– tout rouge !

VII

Nous laissions derrière nous Paris. Ah ! si jamais
je t'oublie, Jérusalem… À présent
tu n'étais plus une ville, mais une vieille hostie
un pain de chair, de sang
qui est resté là-bas, mais que nous emportions
avec nous – dans la captivité, l'outrage
dans l'angoisse, l'offense et le vomissement.
Douce rivière, ô Siloé !
Ô Seine ! et toi Paris, mur des lamentations
réservé à plus tard
quand Assyrie enflée comme une vessie immense
crèvera !

Que de Juifs sur cette terre, Seigneur! et qui sans doute
T'ont oublié, cous raides et têtes fortes. Oui,
et pourtant nous criions vers Toi. Te souviens-Tu
du bouc, jadis, que la forte main d'Aaron
imposait et chassait dans le désert, chargé
de nos impuretés? Me voici Aaron.
Je me mets à genoux et je sanglote et crie
en une langue que j'ai oubliée, mais dont
je me souviens aux soirs émus de Ta Colère:
« Adonaï Elochenu, Adonaï Echod! »

VIII

Adonaï Elochenu, Adonaï Echod!
Aie pitié, aie pitié de la terre de France!
Comme elle est belle! Telle que Tu l'avais créée
du néant, de Tes mains savantes et amoureuses
avec ses fins vignobles, ses cathédrales et
ses chevaux de labour et ses hommes limpides!
Aie pitié, aie pitié, Seigneur,
de cette France que j'ai connue dans les livres,
pure, et qui m'écœure, souillée et dans le sang,
le ventre ouvert au centre immaculé de l'ode
– *Adonaï Elochenu, Adonaï Echod!*
Tu sais que lorsque tout se sera apaisé
sur la terre et dans les cieux
nous T'aurons oublié. Tu sais, dès à présent,
que seul le souvenir secret de ma prière
me remplira de honte. Je T'en voudrai, vois-Tu,
de l'avoir écoutée. Je m'en voudrai aussi
de l'avoir dite. J'ai, Tu le sais, d'autres dieux
que Toi, secrets, perfides!
Mais ici, sur la route, dans le désastre et dans
le chaos, il n'est pas d'autre Dieu. Tu es seul!
Terrible, Igné, Miséricordieux, Unique!

IX

Maintenant dans ma vision coururent échevelées
des ombres. On ne pouvait avancer sur le fleuve.
Ce n'était plus des soldats, rien que des vieilles femmes
mais qui avaient le même visage. Et puis des femmes
le sein dehors, avec des gosses nus. Des femmes
portant dans leurs brouettes leur vie. Et puis des femmes
au ventre las, penchées vers l'avenir. Des femmes
assises sur une borne et dont le sang teignait
la pierre, lentement, blessées d'une intime
blessure. En ai-je vu, en ai-je vu ! Des femmes
que la route traînait comme un chariot à bœufs
lourdes, sans lait et pourtant maternelles
épouses des ténèbres sans bras.

X

Moi-même je portais fusil
et le fusil était plus lourd que mon épaule
étais-je venu là pour n'être qu'une planche
de ton naufrage, ô France,
et non pas une brique de ta victoire ? Oui,
j'étais venu de loin, de plus loin que l'Histoire !
Le Nil me racontait le soir
ma romance. J'avais
fait la mer Rouge à pied. Avais-je cru,
avais-je vraiment cru qu'on pouvait t'arrêter
Histoire, avais-je cru
que le fusil sans Lui
allait changer le cours des temps ?

Et le fusil pesait si lourd sur mon épaule !

XI

Colère, je t'ai appelée aux heures de soufre et de feu
quand toute terre tremble !
Qui t'a peuplée, ivresse, d'anges rugueux et creux
quand toute terre tremble ?

Les hommes ont mûri aux lourds soleils de paix
la terre a accouché de larves et de monstres
et la Pitié n'a plus de chemise, elle crie
la Soif va-t-elle encore écheveler les sources
quand toute terre tremble ?

Le jour de Colère est venu et chaque pierre est une bouche,
quelle main lézarde les murs, tire la langue des eaux,
et quelle nuit soudaine fait sangloter les femmes
aux heures de soufre et de feu ?

Assez crié ! Assez vu ! Assez de paroles mortelles !
À genoux ! À genoux, amère multitude
le visage effrayant caché dans tes cheveux
allongée près de moi comme une morte-vive
– quand toute terre tremble !

Je veux à travers l'épaisseur tituber à grands pas
avancer dans vos mains cruelles, ô ténèbres,
et boire à ton goulot vin du vertige, ô gouffre,
– quand toute terre tremble aux heures de soufre et
de feu.

Colère, je t'ai appelée ! La prostituée immense
mange la moelle de nos vies.
Elle a le visage exsangue, la chevelure effarée,
son ventre est lourd de haine,
sa gorge est rauque d'où le meurtre sourd,

sa langue est sèche où le délire pend.
L'Espoir est tombé en miettes, qui le rassasiera ?
Il a peur que le Jour Dernier n'arrive pas,
il doute de ta honte, hait ta miséricorde,
il craint que ta pitié ne se lasse et ne morde,
il erre à travers les humains, pèse leurs cœurs légers
et crie de les sentir, quand toute terre tremble,
gorgés de solitude…

XII

À la fin, on n'était plus
qu'une seule personne immense qui fuyait
traînant des tas d'yeux, de jambes et de têtes
un cauchemar énorme peut-être, dans le rêve
de quelqu'un qui dormait
tranquille, dans une île déserte.

Que cet homme qui dort fiévreusement là-bas
se retourne sur son oreiller seulement
– et le cauchemar serait fini.

Un coq chante ; c'est l'aube !
Y a-t-il donc encore
un être libre dans le monde
– et qui chante ?
Comment s'y est-il pris ?

XIII

La trompette du Jugement, dans cette vaste journée
de juin. – Oui, j'y étais, mais je ne l'ai pas entendue
– Sourd ! Et tu n'as pas vu non plus cette journée

belle, de juin, couchée toute nue dans les blés,
tu n'as pas vu dans l'œil épouvanté des routes
courir les gros nuages roux
les lourds paralytiques fuyant avec leur lit
et le torrent de faim, de soif et de désordre
– pendant que la Stupeur nue, écarlate et chauve
mangeait les excréments des morts ?

XIV

À quoi bon, à quoi bon
le monde, la lumière
pour le marin penché
sur ce bateau, la terre ?

La terre à droite, à gauche,
en arrière, en avant,
à quoi bon tant de terre
salée, pour les vivants ?

XV

Non, ce n'est pas fini !
Le cœur est haletant, ce viscère de paix,
l'estomac ne digère que mollement l'angoisse
l'œil ne repose plus sur lui-même et le sang
éprouve que c'est lui l'élément angulaire,
le fleuve originel, le cri premier, la voix,
le paradis d'où l'homme étant sorti à l'aube
humide de l'offense
s'avança dans la lourde puanteur des chevaux.

XVI

Nous avions posé notre trogne
c'était fini – dans le fossé,
c'était fini – et l'on dormait
fourbus, sous les étoiles borgnes.

On n'avait plus rien à faire,
rien à manger, rien à rêver,
– et l'aube était une rivière
sale, qui charriait un univers crevé.

XVII

Cheval, ayant perdu ton cavalier, quel long
regard amer, le tien. Tes croupes sont usées
comme une vieille chaise. C'est fini, c'est fini
et nul ne pense à toi. Tu erres dans la ferme
déserte, autour du puits. Le soleil dans tes plaies
s'enfonce, il est midi, et le soldat blessé
qui entre dans la cour, les yeux hagards, emplis
de visions, en vain cherche dans les armoires
fiévreusement des choses secrètes. Il va au puits,
boit au seau et recouvre le puits d'un mouvement
mécanique. Cheval, je te vois approcher
et regarder cette eau. Tu as été aussi
de la bataille, du massacre.
Tu ne sais pas parler, tu danses autour du puits,
tu danses autour de l'homme,
mais le soldat fourbu s'est allongé par terre,
les yeux ouverts. Tu danses de plus en plus. Le jour
monte son ombre autour du puits. Silence. L'eau.

La bataille est finie, mais il y a encore
de l'eau au puits. De l'eau!...

Tu tournes dans un vaste ballet de sources vives
vite, toujours plus vite dans l'eau insaisissable.
Dans tes grands yeux ouverts de l'homme, ton image
s'est écroulée, immense. Elle est sortie du champ.
Pardon, cheval!

XVIII

Les réveille-matin ont sonné
dans des milliers de maisons vides,
les blés ont mûri, sauvages
loin du regard du paysan.

Personne n'est allé aux champs
personne n'est allé à l'école,
personne n'est allé à l'église,
et la nuit est tombée brusquement.

Mais les rossignols ont chanté
tout de même!
C'était une vieille romance
du temps où le monde existait.

◆

La nuit descend comme autrefois
les feux sont allumés comme autant de prières
un fleuve, puis un autre
les pieds ont enflé sur les routes
le cœur est plein de terre à en craquer
la solitude se déboutonne
elle sort ses mamelles et nous donne à téter

le lait amer de l'existence…
Gardes ! cessez vos chansons !
Faites venir le sommeil, oignez nos paupières,
faites sortir les couvertures du silence,
que nos membres puissent s'étendre,
que nos fièvres se puissent rejoindre dans la nuit !
… Cessez vos clameurs insolentes
qui éloignent la mort comme le feu les loups,
ces chansons où le désir grince des dents
où la soif se réveille plus grande que la faim
où l'homme se retourne contre lui-même et crie
… où la nuit s'émiette comme ces pains rassis
que l'on donne à manger aux colombes sacrées.

◆

Dans la nuit, ils chantaient leurs chansons d'ivrognes :

> Les statues de sel des routes,
> avec leur regard étonnant.
> Êtes-vous morts, tous et toutes ?
> Sous quelles neiges sont les ans ?
> Celui qui va à contre-courant
> a beau souffler, il perd haleine…
> Les beaux jours s'en vont, c'est épatant !
> Il n'est de chanson que l'humaine.
>
> Les jours s'en vont goutte par goutte.
> Goutte par goutte va le sang.
> Où sont les bistrots, les casse-croûte,
> où les vieux boxons d'antan
> et les maîtresses de céans
> bien balancées sur leur aine ?

Parties, jambes en avant!
Il n'est de chanson que l'humaine.

Où sont les mariniers des soutes?
Sont balayés par l'océan.
Les vieux copains? Ils ont la goutte.
Les amoureuses plus de dents.
Les dieux, que l'on payait comptant
de soie, d'argent, d'or et de laine
ont-ils vite fichu le camp!
Il n'est de chanson que l'humaine.

◆

Envoi

Que l'on nous brûle ou qu'on nous cloute
et que ce soit chance ou déveine,
que voulez-vous que ça nous foute?
Il n'est de chanson que l'humaine.

◆

Mais près du feu, autour de nous, comme un murmure:

Je dors, mais mon cœur veille.
Qui donc a frappé à mon cœur?
Toute nue dans le sommeil,
déjà couverte de rumeur
c'est la voix de mon bien-aimé,
elle m'appelle, et je suis nue;
sa main pèse sur la poignée,
mes entrailles en sont émues.

– Ma Sœur, mon Amie, ouvre-moi
(que mon cœur, que mon cœur a de joie)
ma Sœur, mon Amie, ouvre-moi
j'apporte un panier de rosée.

– Mais comment donc lui ouvrirais-je,
pas encore lavée du songe,
mêlée à moitié de nuit ?
Pourquoi veut-il que je gémisse
blessée à peine d'un délice
dont il me refuse le fruit ?

– Je l'ouvre la porte, ô Pressé !
Mais il m'a fui, n'ayant laissé
qu'absence d'appui sous le lierre.
pourquoi se cache-t-il ?
Je suis plus tremblante qu'un cil,
je suis dans tes mains comme un nid,
sous tes pieds comme une fourmilière…

– Je l'ai cherché dans la plaine
(que mon cœur, que mon cœur a de peine)
je l'ai cherché dans la Ville,
mon Bien-Aimé où est-il ?

– Ma Sœur, mon Amie, cherche-moi
(que mon cœur, que mon cœur a de joie)
je suis ici, je suis partout
comme duvet de pissenlit.

– Les gardes de nuit m'ont trouvée
(que ma chair, que ma chair est blessée)
ils m'ont frappée et saoulée,
ils m'ont ôté la chemise.

– J'ai rencontré les ouvriers
ceux de la soie et de la laine,
les rétameurs, les ferblantiers,
– Dieu, que la vie est incertaine!
les rémouleurs, les 'chands d'habits
et les marchandes de lavande...
Mais où était-il, mon Ami?
Voici les rempailleurs de chaises...

Ô, filles de Jérusalem!
Si vous voyez Celui que j'aime
ne lui dites pas
– ou dites-lui à peine –
que l'on a vu saigner une fraise des bois...

◆

Mais les gardes ont dit: « Assez de bavardages!
Chante-nous une chanson de Sion!
Chante. Juif! »

Le chœur

– Comment voulez-vous que je chante sur une terre étrangère?
Le malheur n'a-t-il plus de visage? Nos chaînes sont-elles rompues?
Est-elle donc venue la Justice
Le temps du Juste est-il venu?
Ai-je une voix dans la gorge,
ai-je une langue dans la bouche

et Dieu sur le fond de nos nuits
a-t-il écrit : Miséricorde ?

Qu'Il vienne, et qu'Il me dise : « Chante ! »
– Mais puis-je chanter contre Lui ?
Je danserais comme une flamme
– mais puis-je danser sur Son corps ?
L'homme dont Dieu est l'ennemi
peut-il chanter ? Est-ce qu'on chante
dans la tempête, dans le sable
dans la gorge du désert ?
Qu'Il laisse au grain de blé la chance de mûrir
que la cigale puisse manger son propre chant
que le merle ait la table servie et autour de la nappe
ses petits yeux ronds, au duvet léger
que la moisson soit lourde aux mains de l'ouvrier
que sa femme soit lisse à son ventre puissant
que la paix soit un frais torrent dans sa fatigue
et voilà que le monde regorge de chanson...
Ce n'est pas la gorge qui chante
ce n'est pas la main qui façonne
ce n'est pas le pied qui décide
de la route que l'on prendra,
ce n'est pas l'esprit qui découvre
dans la vieille armoire à linge
– jonchées de lavande –
les lois antiques de la terre !
Quand nous épousons une forme
c'est que le souffle du verrier
triomphe des démons de l'air,
quand nous chantons c'est que Quelqu'un
lassé de quelque route énorme
entre dans nos maisons,
couche dans notre pain, sourit dans notre sel.
– Mais comment voulez-vous que chante une maison
sans lampe,

une ferme sans un seul cheval dans l'écurie ?
Est-il des herbes sur les routes,
est-il des herbes pour le cœur,
nos pieds ont gonflé sur les routes
ayez, ayez pitié de ces pauvres orties
– que ne cessez-vous de crier :
« Où est-il donc leur Dieu ? Il n'y a pas de Dieu ! »

Rompez nos chaînes… Celles qui nous lient
à cette terre. À toute terre.
Que pose son pied déchaussé
sur nous, le Maître de la vie,
et la chanson alors nous emplira la bouche,
elle sera dans nos bouches une poignée de fraises
et nous vous chanterons la chanson de Sion,
la vétuste, la bien-aimée !

◆

C'est alors que les gardes crachèrent sur notre voix
et se tournant, rageurs, vers leur prêtre doré :
– Si leur dieu existait, seraient-ils encore en exil ?
N'est-il pas enterré sous les murs de leur temple
        écroulé
grand jadis – aujourd'hui asile de lézards ?
Dis-leur la vérité, comme il convient au prêtre,
sans inutile éclat et sans emportement !

Et le prêtre lâcha sa voix comme on lâche des chiens :

        Ce lieu livré aux orties,
        aux désolations du sel,
        que de forces assorties

ont tramé ce Rien…
L'autel
humide de solitude
y sèche son linge rude,
pas le moindre esprit flottant
ne frotte de sa présence
cette masse qui fut dense,
cet espace qui fut le temps.

Mur lépreux ! Sordide nappe !
Mur des lamentations !
Des démons de l'obscure agape
sourd de l'âme en ta Sion.
Quelle larme en l'œil des pierres
et quel lait en ces vipères
chantent la pérennité
d'une absence qui s'étale
et dont la structure égale
celle de l'éternité ?

Ce mur qui chassa, rebelle,
les voix qui l'avaient bâti
n'a, pour toute peau qui pèle,
que la face de l'Esprit.
Âme avide de souffrance,
tu baves ton insolence
bien que, fourbe, en ton sommeil,
sous ta pierre, perce l'ample
squelette, que fut le temple
de Chemech, le dieu-soleil.

Où est-elle ta Justice ?
Où est-elle ta Pitié ?
Sous les fientes du solstice
qui te comble d'amitié,

ta bouche, à défaut de langue,
jette une sourde harangue !
L'œil reflète mais ne voit
le Temps qui monte ses mailles.
Ombre, paix à tes entrailles !
Ne dure que ce qui croît.

Dans les tissus de ta pierre,
où est-il ce dieu vivant
qui dînait d'une prière
et qui déjeunait de vent ?
Sous la chute consentie
aux anges de l'anarchie,
sous l'écroulement voulu
dès l'éclosion de l'Âge –
a-t-il fui de son visage
au cuir sec et vermoulu ?

Des dieux si la chaîne brise,
quel Devin, l'esprit ôté,
te recaptera, Surprise ?
Te revêtira, Beauté ?
Sonne, temps fini des fables !
Que rompent les vieilles tables,
périssent les nations
nourries de l'antique ruse,
qui puisent dans ce qui s'use
d'autres incarnations !

D'autres dieux issus de l'Être,
gonflés de nouveaux pouvoirs,
pressent l'acte de connaître –
et des éternels pressoirs
font jaillir le jus de vie
dont la substance ravie

ouvre dans les épaisseurs
de l'obscurité humaine
le moelleux d'une autre graine,
d'autres grappes de douceurs.

◆

Le chœur

– Babylone, que ta langue est mauvaise !
Quel amant la prendrait encore dans sa bouche
mêlerait sa salive à ton âcre baiser ?
– Ta bouche sent la mort,
ô belle morte, le rire mêlé aux excréments
de la terre, du sang, des âges, du langage,
ô belle morte, morte comme tous les morts de la terre,
tu as beau avaler les vertus de l'air
l'esprit s'est retiré de toi
l'Esprit qui a créé le monde aux jours anciens
qui a mis des galets dans le gosier de l'eau
suspendu les montagnes au long regard des biches,
l'Esprit qui a créé la Joie aux jours anciens
et mis dans nos ganglions cette secrète angoisse
qui nous lie à la Joie créée aux jours anciens.

Ô morte sans retour, que tu étais donc belle
au soir de ton adolescence !
Quand ta bouche sentait le dentifrice frais,
tes cuisses étaient fermes, combien délicieuse
l'odeur de tes aisselles et ta cruelle foi
en une jeunesse éternelle...
Tes dieux se sont ridés comme ta peau : usure !
Éternité rancie ! Infini finissant !

Cette beauté plus belle d'être stupide et saine,
cette beauté sans Dieu
absente, cuisses longues, le rire humide, l'œil
bête savoureusement,
elle est morte, elle est morte affreuse et innommable,
bouche sans dents parlant les mots de la jeunesse,
regard vide, béant,
alors que nous qui fûmes plus laids que la Laideur,
nous qui avions le laid visage de l'Esprit,
nous qui sommes ce qui n'est pas,
nous sommes là, la vie qui ne veut pas déchoir.
Sans stigmates de Dieu en nous, mais non sans Dieu.
Craignant – mais espérant toujours…

Le dieu s'est tu, disais-tu, qui habitait notre pierre.
– Il s'est tu. La statue a déserté le socle.
La terre est devenue opaque, la vitre s'est embuée,
la vie s'est engourdie comme le sang des serpents.
L'hiver de Dieu est là.
Mais l'eau qui dort son frêle sommeil dessous la glace
solide des rivières,
mais le poisson qui rêve dans le sommeil de l'eau,
les orties orphelines –
qu'attendent-ils sinon la gifle du printemps ?
Eh certes, Dieu s'est tu. Il a fui un visage
dont le gel et la mousse ont fendillé le marbre,
la mobile fourmi s'est logée dans ses yeux,
le vent siffle à travers ses lèvres ébréchées
– mais renoncerons-nous à l'aimer, à le craindre,
à le chercher sur terre et plus loin que la terre
et pourrions-nous dormir tant qu'il sera absent,
aimer tant qu'il sommeille,
mourir pendant qu'il n'est pas là ?

– Dieu est mort, disais-tu. Il se peut. Que de choses
mortes déjà, qui pèsent si lourd sur notre foie.
Que d'années, que d'arbres et que de souvenirs
morts, que de lettres d'amour et de cheveux
de femmes ! Et cependant quel sot s'est réjoui
de cela ? Et quel fou penché sur un automne
périssable et déjà périssant, sur un être
mourant et déjà mort, ne s'est point agrippé
à ce cadavre qui fut vie ?

Quel insensé qui n'ait voulu sauver fût-ce
qu'un peu de ce crépuscule, une poignée d'odeur,
quelque absurde soulier d'une ombre
et qui peut rire, rire de ce que l'Éternel
lui-même meure ?

Quels sont tes nouveaux Maîtres ? Et quelle est leur puissance ?
Ignoreraient-ils donc que l'homme doit grimper
lentement, enfonçant ses chaussures cloutées,
mordant les éboulis du vide,
aux sources du vertige
pour arracher le Temps aux longs écoulements
de ses purulentes durées ?
– Dieu est mort ? Eh ! sans doute. Mais n'est-ce pas notre
tâche
de le ressusciter,
de l'engendrer à nouveau,
de lui communiquer notre sang,
de lui faire, la nuit venue, une place dans nos draps,
de lui céder dans notre verre
une part de boisson dont il se peut qu'il boive
– afin que son jeûne cesse
et notre exil aux terres chauves de la Stupeur ?

◆

Le récitant

J'ai vu les faux prophètes au travail :
ils étaient à cheval sur l'homme
ils tranchaient de la vie, de la mort
et la vie coulait entre leurs dents
la mort passait entre leurs jambes.

J'ai dit aux faux prophètes : Faux
prophètes ! Faux moutons et fausses barbes !
Les mers montent de toutes parts,
avez-vous vu craquer les digues ?
Vous finirez comme les chiens !

Une nouvelle nuit commence
avec chaque homme dans le monde ;
quelle paupière ouvrira-t-il ?
et sa lampe tremblera-t-elle ?
On n'a de lumière qu'en soi.

– Qu'on donne à manger aux humains
et j'irai voir les jours de fête
leur tête à travers les barreaux
et comme ils attrapent les miettes
d'un long regard mélancolique…

J'ai dit aux faux prophètes : Faux
prophètes ! J'ai assez de votre barbe !
Quelle est la vue qui vous porte ?
Il est en moi, écoutez bien,
celui qui parlait de la sorte :
J'ai souhaité aussi la mort des insensés !

Qu'on ferme les portes, disais-je,
et que ne sorte aucun visage,
qu'on m'apporte les vieilles bagues,
les mers rouillées, les ors souillés, les têtes chaudes,
la ferraille des passions,
les coffres-forts gorgés d'yeux morts
et les bijoux de l'insomnie,
j'ai soif de te compter, Banqueroute!
De rire au visage des Joies!
– Qui a osé être joyeux?
le temps est venu de vomir la Joie
– et qui a osé être Sage?
voici les temps de la Folie!
Qu'on dresse les bûchers, criais-je,
qu'on apporte des flammes vierges
et qu'on me grille l'homme un à un, à petit feu,
je veux les voir souffrir séparément,
entendre chaque pleur, chaque angoisse,
voir claquer chaque dent dans la bouche puante,
trembler chaque poil de la peau,
crier chaque cheveu
et chaque sexe se faner séparément
– Porcs!
Avez-vous donc assez tué pour des fantômes,
vous êtes-vous vautrés au lit des idéals,
assez joué les saints, les héros, les martyrs,
assez menti, assez vomi, assez joui
de la traite des maux et des mots, négriers,
trafiquants de coco, banquiers, suppôts du diable,
usuriers, tripoteurs, apôtres, hommes d'ordre,
honte de cette terre, dégoût de tout – égouts!
je veux vous voir chacun griller à petit feu,
chaque visage et chaque sexe,
je veux vous voir chacun tour à tour, j'ai le temps,
le temps que vous m'avez payé

pour chaque cadavre innocent
et chaque cadavre innocent à son tour
viendra entre les morts, les yeux morts,
et sera grillé d'importance
pour me payer pour ceux qu'il a tués aussi
– Porcs !

◆

Le chœur

Verrons-nous de nos yeux l'esprit des vieilles chutes
sera-ce de nos mains que nous empêcherons
les déperditions lamentables ?
sur nos épaules que s'appuieront les volcans,
sur notre sang le rein des anges,
sur nos flancs la barbe des Sages,
sur notre bouche les proverbes des ancêtres,
sur notre langue les serpents,
sur nos testicules – le monde ?

Dirons-nous, une fleur à la main : « Viens, Folie !
Juste démence, viens ! J'ai désigné les portes,
j'ai froidement marqué
le seuil des massacres futurs,
j'ai soif de leur sang – qu'il ruisselle
dans les bouches d'égout ? »
– Où notre pauvre main tremblera-t-elle alors ?
Sais-je d'avance la pitié des yeux qu'on crève,
la grande pitié des entrailles,
le trouble où nous jette le sang,
la panique du ventre ouvert ?
Oserons-nous baigner au sang de la justice
et pourrons-nous jouer au cerceau dans un monde

livré aux bourreaux innocents
de la vengeance assoiffée ?
– Faudra-t-il arriver à te haïr, Justice,
Justice sans entrailles,
et pourras-tu tuer sans un visage laid
et sans cesser d'être toi-même ?
Me mettrai-je à tes pieds, moi qui t'ai appelée,
qui ai crié après toi dans le fin fond du gouffre
et te demanderai-je, moi qui t'ai appelée,
le pardon de ces Sages ?
Protégerai-je donc les fous,
couvrirai-je de ma poitrine
les pires insensés ?

Mais laisserai-je choir le monde
et pourrai-je jouer au cerceau dans un monde
qui me demandera comme un aveugle-né
de l'aider un instant à traverser la rue
– *la grande rue du Jugement ?*

◆

Disséminés parmi les hommes, autant en emporte le vent,
baignés de solitude comme les îles du Pacifique,
oubliés sur la carte immense du vivant –

quelle langue parlerez-vous, quelles paroles primitives,
de quelles étranges rumeurs serez-vous précédés,
quels oiseaux blancs cherront dans votre nuit massive ?

Il est temps de confondre la Beauté assise !
– Vous marcherez ! dit le Seigneur,
afin que ce qui doit engendrer se divise,

afin que ce qui doit peler aux cimes – pèle,
que ce qui pousse droit – étrangement se torde,
que ce qui est tordu – se dresse et se rebelle.

Marche ! Qu'elles sont loin les îles du sommeil !
Il te faut ramener aux hautes températures
tes frères de couleur, de semence et de feuille.

Il te faut avancer à tâtons en toi-même –
gratte le sol ! La terre a si peu livré ses secrets
que nul lait n'a encore jailli des tétons du poème.

Il y a trop longtemps que vous aimez la paix…
– La Paix vous abêtit, dit le Seigneur.
Je préfère l'erreur qui chante à la vérité dévorante.

Il vous faudra marcher avec des reins d'angoisse
jusqu'aux terres de la fatigue – et s'il se peut plus loin.
Je serai avec vous, dans la boue et la poisse –

mais je serai en vous *Celui qu'on ne voit point.*

◆

La voix dans le désert

C'est dans ce point précis d'absence
que les oiseaux coulaient à pic dans l'œil du vide
ailes et sang –
ils tournoyaient avant de couler dans le vide,
dans le jour devenu plus grand qu'auparavant.

C'est dans ce point précis :
Tout finissait, les routes et les besoins humains,

je tenais une nuit nouvelle dans mes mains,
un phare cependant balayait mon visage,
le poumon s'essoufflait
parmi les voix j'ai vu des canots qui partaient
vers un pays sans paupières
– ce n'était pas le temps mais un autre espace,
la lumière était si lourde où l'on marchait,
elle coulait de nos poches comme un sang noirci.

– C'est dans ce point
que j'ai douté enfin de ma lucidité
en me voyant moi-même, mais détaché de moi.
Ce n'était pas la peur mais une autre joie,
ce n'était pas le bonheur mais une autre amertume,
et je criais, honteux de m'entendre crier :
C'est dense !

Cette vie est-elle donc plus épaisse que l'autre ?
Ce désespoir est-il plus sage que l'espoir ?
C'est dans un monde sans rémission que j'avance,
c'est dans un monde sans retour que je m'enfonce,
c'est dans
un monde évanoui qui cherche sa matière,
et c'est un monde sans commencements ni fins,
un monde flamboyant dont la voix rauque crie :

C'EST !

◆

ALEPH
Si toute chose a un commencement,
s'il faut que toute chose meure,

dis-moi alors : pourquoi les morts
se retournent dans leurs cercueils ?

BETH
Si l'œil revient des fleuves noirs
avec la neige au cœur, du vide,
pourquoi fouetter, l'œil stupide,
les maigres fesses de l'Espoir ?

GHIMEL
Répondez-moi : quand les bateaux
se noient avec leur équipage,
qui donc voit-on flotter au large
avec des yeux ouverts sous l'eau ?

DALETH
Si le lézard n'a pas de sang,
et si la faim n'a pas de dents,
quelles les routes que l'on sème ?
– quelles les preuves que l'on s'aime ?

HÉ
Si toute route mène au gouffre
pourquoi éviter, ô Impair,
l'huître sauvage que l'on ouvre
avec un couteau de chair ?

VAV
Si elle s'amenait, la guigne
maligne,
pouilleuse et grelottante de fièvre –
Dis : qui lui baisera les lèvres ?

ZAÏN
Si de l'absence de nos corps
la vie s'en va, bribe par bribe,

pourquoi dans la bouche des morts
les mots dorment sur les gencives ?

HETH
Si la haine venait à pondre,
je veux que vous me répondiez :
iront-ils vos genoux prier
au grand autel de Sainte-Honte ?

TETH
Si Dieu sur un arbre perché
fiente la poisse –
croiras-tu à l'éternité
de l'angoisse ?

JOD
Si nul de l'arbre de la Science
n'a rien mangé sous l'œil de Dieu :
pourquoi Le risquer comme enjeu
pour Le retrouver comme chance ?

CAPH
Voici, dit Dieu, l'Arbre de Vie ;
voici, dit Dieu, l'Arbre de Mort.
C'était délicieux la vie –
c'était délicieux la mort !

LAMED
Ô Joie ! Paresse des mémoires !
Le Temps devint discontinu…
Et l'homme vit qu'il était nu
une seconde avant l'Histoire.

MEM
Allez, en route race humaine,
maîtresse de l'excrémentiel –

te voici libre et souveraine.
Comptons d'abord l'essentiel :

NUN
Science, Essence, Intelligence,
Puissance, Absence, Intransigeance,
Impatience, Obéissance,
Naissance, ô sources des démences !

SAMECH
Suprême ivresse de connaître !
Voici les ventres d'océans :
vagins ouverts qui forcent l'Être
au sperme auguste de Néant !

PHÉ
De quel côté chercher l'Issue ?
Quelle île suspendue au Rien ?
Déjà, soleil, ta viande crue
saignait aux portes du matin.

AIN
Pitié, Justice ! *Ma* Justice !
Tu déchirais tes vêtements
et sur les plus légers supplices
j'ai vu des gouttes de ton sang.

TSADÉ
J'ai vu des gens mourir d'épée,
j'ai vu des gens périr de feu,
et d'importantes araignées
tombaient d'entre les doigts de Dieu !

COPH
J'ai vu les goitreux au marché
soudain, debout, prophétiser.

Et le génie assis à table
vendre des choses invendables !

Resch
J'ai vu les mages en renom
pétrir des êtres de limon.
Et vers le soir, quand dort l'Esprit,
la Faim entra dans les familles…

Shin
J'ai vu la mort compter les morts.
Elle leur enlevait la graisse.
Et j'ai crié : Heureux les Morts !
Qu'avaient-ils donc besoin de graisse ?

Thav
Était-ce bien le dernier jour ?
Pourquoi appelais-je au secours ?
Et de quel   il, dans mon attente,
tombait cette larme brûlante ?

◆

Postface

Ce poème a été écrit entre Ulysse *et* Titanic, *vers 1934 par conséquent, à un moment où l'auteur était fort loin de penser qu'il prophétisait. Des scrupules obscurs que, pour des raisons non moins obscures, nous levons aujourd'hui, ont retardé son impression en son temps.*
C'est un poème dramatique à plusieurs voix. *Cela explique l'emploi, ici et là, de formes et d'intentions tenues pour périmées en poétique – sonnets, ballades, odes, pastiches, voire de formes remontant à certains psaumes davidiens (alphabet*

sacré). La poésie dramatique exige des caractères, elle se doit de revêtir chaque personnage de l'expression où, le mieux, éclate sa manière d'être. Les formes fixes, par opposition aux formes libres, instituent un dialogue où celui qui parle décline son identité tout de suite.
Le temps n'est pas à l'imprimé. La poésie cherche des amis, non du public. Ainsi, peut-être, au moyen du clandestin, retrouvera-t-elle son caractère sacré, son auditoire ésotérique. À condition, bien entendu, que le lecteur, qui est un confident, tienne de son devoir d'ébruiter le secret et, pour cela, se donne la peine de recopier ou de faire recopier le manuscrit-matrice.
La poésie sera pour quelques-uns – ou ne sera pas du tout.

B. F. (1942 ou 1943)

Au temps du poème

Au temps du poème

I

Moi aussi, de retour parfois en un moi-même
à peine déplié
(où coule un ru glacé tout scintillant de brèmes
– extrême et oublié),

je m'ouvre au vieux décor. Esprit piqué de guêpes !
Écoute dans l'enfant
le bois tendre et moisi où rouissaient des cèpes,
où vieillissait l'étang.

Que de fois moi aussi dans les roseaux sans âge
je me suis comparé
au cri silencieux de la poule sauvage
tombée dans le marais.

II

Prince en exil ! Rêvant aux choses périssables…
ont-elles donc péri ?
J'en cherche du pied nu l'empreinte sur les sables
– je ne suis pas guéri.

Les heures ne cardaient leur laine et la rivière
ne coulait sous les ponts
que pour sonner en moi, au chœur de l'éphémère,
les voix et les répons.

III

Visage de moi-même aliéné ! Future
épave ! Quelle paix
de n'avoir pas encore tété, de l'aventure,
l'inimitable lait.

J'étais le paysan mêlé à sa charrue,
le soc obéissant,
et l'odeur de pain frais qui emplissait la rue
de son être évanouissant.

IV

Que la saison était juste et poreuse ! Telle
elle paraît du moins
à l'homme que je suis, déjà usé, rebelle
à se porter témoin.

Pareil à qui se veut le même en une glace
veuve de son étain,
quelqu'un se penche en moi, sur la mémoire lasse
et se trouve incertain.

Il songe à telle immense et pure matinée
qui n'en finissait plus
et dont la robe traîne, absente et patinée,
au cœur irrésolu.

V

C'était un drame obscur où tant de personnages
à peine dessinés
ont longuement puisé dans le miroir des âges
– frêles ou obstinés -

et qui, ayant empli pour un instant la
nue sous le vernis,
ont quitté un à un l'inoubliable Cène
du temps évanoui.

VI

L'aisance de ce monde étrange participe
de l'eau et du reflet.
Mon cœur court au-devant de l'aïeul-à-la-pipe,
de la mère-au-rouet,

du verger délicat qui change dans la cage,
des gros nuages blancs
qui traînent leur été dans le bleu du visage
– où commence l'étang.

VII

Tu te souviens encor (mais es-tu bien le même ?)
du parc abandonné
aux herbes de l'esprit et à l'écho extrême
d'un temps déjà sonné.

Rongé par la carie, le mouvement céleste
et le lierre tordu,

le vide, sous nos pas, croulait : unique reste
d'un univers perdu.

Mais quel événement quand, au milieu du plâtre,
que le chaos créa,
vous éclatiez, soudain, sur le bassin verdâtre
– roses du nymphéa !

VIII

40° de fièvre

Contemporain de tous ces êtres nus : royaumes
des laques, des reflets ;
les craquements du feu, du bois et des fantômes ;
la fièvre des volets ;

les longues insomnies des coings sur la crédence ;
l'œil clair de l'opium ;
et le rêve, pieds nus, livré à la démence
des grands géraniums.

IX

Les cloches dans les pures carafes des villages
versaient le vin du soir.
Le siècle, sur les toits, posait quelques nuages.
Les femmes au lavoir

battaient l'eau bleue. Un plat et calme crépuscule
chassait le lourd bétail
dans l'incendie ému d'un monde qui bascule.
Lâché par un vitrail

des bons vieux jours, son ombre couchée dans les avoines,
on entendait le pas
de Dieu, qui visitait de nuit son patrimoine :
– il y a, il y a

du pain pour les humains, du mil pour les mésanges,
du riz pour les esprits
des morts – et un regard d'éternité surpris
entre les cils des Anges.

X

Heureux le voyageur retour de son périple !
Assis au coin du feu
il s'écoute lui-même ainsi qu'un bon disciple
jeune et respectueux.

« Tant d'ombres m'ont quitté », dit le discours du Maître.
« Ombres ? Je n'en sais rien !
J'ai fui. Je me suis fui. L'heure est venue d'être
mon propre historien. »

Je sais que le disciple écoute, le sang trouble.
De quelle ardeur il suit
ce récit haletant, hallucinant d'un double
qui a manqué son fruit.

Comme il voudrait garder la danse de l'idée,
le tendre du ressort,
au long désir qui semble en cette peau ridée
avoir touché au port.

– « O ! Maître. Permettez que je reprenne haleine !
Ah ! donnez-moi le temps
d'écumer cette mer, de fuir cette sirène,
de boire ce vin blanc,

d'essuyer ce baiser qui m'attendrit la bouche. »
– Mais le Maître, saisi :
« Croyez-vous donc que moi… ? » et, dans ses paumes, couche
le front de son sosie.

XI

Ô Temps, de qui la fuite oisive et incertaine
imite le cours d'eau,
as-tu jamais porté plus frêle capitaine
sur un plus nain radeau ?

La maison sommeillait emplie de lavande
sonore. J'écoutais
les lèvres s'amasser au secret de l'amande,
et le passé dans les portraits.

Que de mondes menus étaient entrés dans l'arche
du rêve, pour le long
voyage qu'il fallait finir, en patriarche,
sur les murs de salon.

Avaient-elles VÉCU ces peintures à l'huile ?
ont-elles naufragé
après une tempête, sous ce toit lourd, de tuiles ?
et moi ?…

XII

J'ai voyagé…

Ma soif s'est échouée aux terres de rupture,
portée par le jusant.
Avais-je donc usé du monde, l'âme pure,
comme n'en pas usant ?

Qu'ai-je fait pour garder ce long écho du vide,
– accordéon plié ?
Il est des coins en moi où coule un ru limpide,
– extrême et oublié !

1943

◆

Là-bas

Ils étaient tous partis pour l'Amérique !
Le fils d'abord –
(on y était de trop pour la musique !
Putain de sort !)

Puis la petite sœur qui savait coudre.
Mais ses poumons
c'étaient de vieux moulins qui durent moudre
plus d'un affront.

Un long moment la vie suivit sa marche
sans autre apprêt ;
et, à la fin, le tout entra dans l'Arche ;
et tout fut prêt

pour le départ : les vieux et la marmaille.
On emporta
dans les valises jusqu'à l'odeur d'ail
qui était là.

Seuls les aïeux (qu'en faire ?) demeurèrent
dans le pays
qui n'était pas le leur – et célébrèrent
le Samedi.

De temps en temps, il vint un bout de lettre ;
naufrage, écueil,
baptême ; et POST-SCRIPTUM : « Bientôt, peut-être !
on touche au seuil ! »

Puis tout se tut. Et la cérémonie
des morts eut lieu
selon la Loi et la monotonie
de ce milieu.

Le Temps banda puis débanda son arc
dans le tableau.
Et la maison croula comme une barque
qui prend de l'eau.

Brique après brique s'en alla, du reste ;
le toit, item ;
on bâtissait sans doute en la céleste
Jérusalem.

Mais l'herbe de la cour, mélancolique,
longtemps rêva
d'une enveloppe aux timbres d'Amérique –
qui ne vint pas.

On entendait venir la diligence
d'on ne sait où.
Et tout, après, rentrait dans le silence
comme en un trou.

Chacun se demandait dans le silence
de son néant :
« Et si, vraiment, c'était la diligence
du Dieu vivant ! »

Les gens sortaient au seuil de leur boutique.
C'était le soir.
Ils ruminaient l'événement unique
qu'ils venaient voir.

Pendant un temps ce long musée de cire
mal éclairé
flottait dans les esprits comme un navire
mal amarré.

Cela donnait un peu la nostalgie
des grands départs.
On allumait ensuite des bougies ;
les samovars.

Un long murmure étrange de prière
et de bouquins
semblait envelopper toute matière
d'un baldaquin.

Chacun se demandait dans le silence
de son néant :

Et si, vraiment, c'était la diligence
du Dieu vivant ? »

1944

◆

Elle s'appelle-Ca-ro-li-ne,
c'est-un-nom-qui-n'dit-rien
(Chanson, 1910)

Cette petite fille est morte, adolescente,
à New York dans une clinique ouvrière,
qui mêle ses tresses aux miennes
sur une vieille passerelle qui seule a subsisté
d'un univers anéanti, quelle rue, quelle ville,
quelle année ? située à peine par une odeur
de vieilles gens en train de devenir fantômes
– La Terre avec ses longs méridiens sur le dos
tournait. Mais était-il vraiment de cette terre
qui tournait ce pays profond, moelleux
où nous nous avancions les yeux ouverts
séparés, confondus
dans ce falot fouillis de fées
qui grinçaient sous le poids de nos orteils légers ?

Était-il donc de cette terre ce pays évanoui
mangé par les fourmis, le vent
et dont je suis le seul voyageur revenu ?

Il vient sans être vu sur des chevaux de bois
le tremblement de terre
et nous entrâmes dans un continent nouveau
tant de rues tant de portes
on trouva l'un de nous dans les objets perdus.

Elle est morte du mal d'un drôle de pays
qui n'avait figuré jamais sur une carte.
Elle est morte, la tête tournée vers le Sud
l'adolescente – car la petite fille était morte
depuis longtemps. Ell' s'appelait Caroline
C'est un-nom-qui-n'dit-rien…

◆

Le cordonnier mâchait des clous de bois,
dans sa vitrine l'horloger se mire.
Ah ! tout enfant a, dans sa tirelire,
gardé les songes d'autrefois.

Des rues qui ont disparu, des villes
qui n'ont jamais peut-être existé
et des visages gais ou attristés,
des escaliers, des caves, des fossiles,

de gros événements qui ont perdu
leur sens, de fines toiles d'araignée,
l'odeur d'une chevelure dépeignée,
l'aigreur, dans le palais, d'un fruit mordu,

des mots cassés dont on ne sait que faire,
un crépuscule où claque un long fouet ;
un doux ronron de chatte ou de rouet
l'œil rouge et lourd d'un réverbère –

un craquement dans l'âtre, un feu de bois,
de quoi emplir l'armoire d'un empire
et tant, et tant de songes d'autrefois
cachés encore dans ma tirelire.

Berceuse de l'émigrant

La reine disait : « La nuit pose
ses perles au cou
Piquez-moi au sein une rose ! » –
– Hou, hou !
Ce n'est sûrement qu'une rose.

C'est la mer qui bouge,
dors, dors, mon petit.
À l'aube la rouge
tout s'évanouit.

« Eh bien – dit la Reine – ô magie !
Je perds mes souliers.
On danse déjà aux bougies…
Vite, le cordonnier ! »
– Il couche parmi ses bougies
Leiba, le cordonnier.

C'est l'ombre qui joue !
Dors mon petit, dors !
Elle court, la roue,
la roue du sort.

« Mais quel est ce bruit ? » dit la Reine.
« Je rêve de sang ! »
– Oh rien que le chant des fontaines
évanouissant
Ce sont sûrement les fontaines.

Une étoile file
sous un ciel nouveau,

tendre et inutile.
Dors mon petit, do.

« Un bruit? que non pas » – dit la Reine,
« On frappe d'estoc! »
– Oh rien que des coqs qu'on entraîne
– sauvages. Des coqs
qui mêlent leurs sangs dans l'arène.

Dors. Après l'averse
l'arc-en-ciel rouquin.
C'est la mer qui berce
les petits requins.

« Mon Dieu – dit la Reine – est-ce un leurre?
On crie au secours! »
– Oh rien qu'un esclave qui pleure
la fuite des jours,
heureux de la fuite de l'heure.

L'aurore s'allonge.
Vite, mon enfant!
C'est un banc étrange
de poissons volants.

« Peut-être est-ce une âme qui saigne? »
– Ce n'est qu'un marmot
perdu dans la nuit comme un peigne.
– « Courez au plus tôt!
Rompez cette toile d'araignée! »

C'est le ciel qui grince,
c'est la nuit de Dieu.
Toute une province
qui a mal aux yeux!

« Pourtant, ce murmure de psaumes !
Ces torches de suif!
Ce sont sûrement – des fantômes ! »
– Non Reine, des Juifs,
qu'on chasse de tout le royaume.

C'est le vent qui pleure :
le cheval de mer.
C'est le temps que l'heure
sonne de travers.

«Des Juifs ? – dit la Reine – Oh ! la guigne.
Et j'ai le hoquet.
Ce n'est sûrement pas un bon signe.
Fermez le loquet.
Et vite mon grand perroquet
Qui vient d'au-delà de la Ligne ! »

C'est dans l'eau profonde
que sont les poissons,
les oiseaux de l'onde…

Mais les bancs chantants
des poissons volants
fins et transparents
ont posé leurs yeux
dans la main de Dieu,
s'avançant vers où ?
– Hou ! Hou !

Tout à coup

J'étais en train
de lire un livre
quand tout à coup
je vis ma vitre
emplir son œil absent d'oiseaux légers et ivres.

Oui, il neigeait.
La folle neige!
Elle tombait
tranquille et fraîche
dans le cœur tout troué comme un filet de pêche.

C'était si bon!
et j'étais ivre
de ces flocons
heureux de vivre
que ma main, oublieuse, laissa tomber le livre!

En ai-je vu
neiger la neige
dans le cœur nu!
Ah! Dieu que n'ai-je
su garder dans mon cœur un peu de cette neige!

Toujours en train
de lire un livre!
Toujours en train
d'écrire un livre!
Et tout à coup la neige tranquille dans ma vitre!

1944

Est-ce ?...

Est-ce un univers de cordages,
poulies, mâts et cheminées,
de vieilles sirènes minées,
dentelles d'anciens naufrages ?

Que d'ombres lasses, patinées,
du temps avariés otages
tournent d'un œil absent les pages
du livre d'or, des matinées.

Grimperons-nous la passerelle ?
Son lourd reflet qui mord à l'eau
tremble dans l'œil, où elle gèle.

Tout est si calme en ce tableau
que ronge, ô carie du Même,
la nostalgie de l'Extrême !

Quand de moi-même...

Quand de moi-même, en moi, les voix se taisent
et que le monde en mon cerveau s'est tu
comme un vieux conte ouï et rebattu ;
– quand, aux étoiles, les paupières pèsent,

que ces musiques du rien apaisent
le cœur sauvage, ténébreux, têtu,
du poids de tant de neiges courbatu
et qui n'a plus les songes qui lui plaisent !

Il voit ses jours – danseuses en tutu –
vieillir avant le soir de l'impromptu.
La houle! Et tout à coup, la nappe d'aise.

Assis au coin du feu, sur une chaise,
il dit au Temps qui passe: « Où passes-tu?
Où vont les fées ardentes de la braise? »

◆

Parfois

Parfois il lui arrive d'envier
la mort d'un fruit, la chute d'une feuille,
le bruit d'un mot blessé qui se recueille
avant que de crier.

Parfois, il lui arrive de troubler
l'eau d'un étang, de son visage;
c'est comme si un dieu voulait doubler
– pour empêcher la fuite – son image.

L'homme serait-il seul à ne rien
savoir quitter, épris de ses racines,
comme quelqu'un qui se souvient
à peine du pays qui l'avoisine?

Parfois aussi il se demande si
ce lui serait très dur de disparaître
sans qu'il ait pu, dans l'eau des choses, être
le long reflet d'un calme réussi.

1944

◆

Écoute, j'en ai assez de la vieille musique!
Même la terre et l'eau c'est de la vieille musique,
ça m'apporte le bruit de l'écume, le
poème du miel dans les ruches,
la grande paix des horizons
mais aussi je ne sais quelle odeur
de pluies rousses, d'ombres lasses,
de jeunes filles évanouies,
de neiges mortes sans retour
et beaucoup d'autres vieux poèmes que j'ai écrits, j'ai rêvés,
avec leur vieille dentelle, leur vieille mélancolie
et ce parfum de temps au cœur de l'éternel.

◆

Vae Solis

La nuit lourde égruge
Ses cristaux de sel,
dans les mains du Juge
que nous sommes seuls!

Chacun va sa route.
Où est-elle donc?
La sève redoute
l'infini du tronc.

Trop de mondes! Où
mène cette danse
vainement s'enfonce
– y a-t-il paroi?
La chance renonce
de trouver réponse:
le sanglot du bois.

Ah! si de la chose
voulait sourdre un pleur!
Un peu de douleur
aux cils de la rose.

Oui, nous sommes là,
les racines molles
– captifs sur parole –

qui toujours commence
sans finir ? Le clou
dans le grand gala
des lianes folles…

… un peu de sang rouge
dans les mains du Juge.

1944

◆

J'en ai assez, ô Parque !
Rompez le fil.
À pied ou dans la barque
qu'importe, s'il

n'est rien qui s'en souvienne ?
Ah ! j'ai quitté
trop tôt la rive. Vienne
un autre été !

Que vaut cette musique
– au cœur trop lourd ?
J'ignore. Et c'est ainsi que
va le discours.

J'ai soif de l'autre rive.
Pourquoi ne pas
tenter la source vive ?
Il n'est qu'un pas…

Hardi ! ma soif. Embarque !
– Mais si, rien… ?
– Tant pis, gentille Parque,
on verra bien.

C'était joli, la vie!
                    Le beau péril.
Je n'en ai plus envie.
                    Rompez le fil!

Pourtant… On dit trop tendre
                    ta vieille main.
C'est si long à se rendre
                    le cœur humain!

1944

◆

Tristan et Yseut

I

Pâris et Hélène
Tristan et Yseut!
Au temps du poème
votre nom m'émeut.

Ont-ils existé?
Bulles de langage?
D'eux, il n'est resté
que ce pur otage

sonore. Un reflet
qu'un miroir avorte,
ou le feu follet
d'une vieille aorte.

Ainsi va la vie:
de tout cœur qui rompt
il n'est de survie
qu'un poème prompt

à cueillir l'haleine.
Tristan et Yseut!
Pâris et Hélène!
Valait-il la peine
d'aimer – pour si peu?

II

à Humbert Wolfe

ET MOURURENT PARIS ET HELENE !

Amour nu et tendre,
tu vins tout d'un coup,
comme faim qui entre
au ventre du loup.

D'être mort – ou morte –
sur un bas-relief,
ça vaut-il le bref
temps que neige emporte
de joies, de griefs ?

Que leur chair fut belle,
mais que l'esprit, fol,
de crier, rebelle :
« Temps, suspends ton vol ! »

Oui, vous vous aimâtes !
Votre feu, brûla…
Ce fut une date
en ces âges-là.

Quoi ! de l'éphémère
jeter l'ancre en Dieu !
Effacer de terre
l'heure de l'Adieu ?

– Frêles équipages,
fières unités,
naufragés au large
de l'éternité.

Il en est que l'art
prend dans son éponge.
Époux de brouillard !
Épaves de songe !

III

Larmes, sang, urée
(rien, du rien jailli),
vous avez failli
vaincre la Durée.

Enfin il coula.
Dieu, la page blanche !
Sous son avalanche
– ni sapin ni planche –
votre corps roula,

Le Temps, en effet,
– est-ce un sortilège ?
fut pris au filet
et dit : « Coulerais-je ? »
(couler est son fait)[1]

roula jusqu'à l'aine,
en l'oubli vaseux…
Tristan et Yseut,
Pâris et Hélène…

1. Il n'avait jamais
vu dans une cage
de fauves si frais ;
il en oubliait
de tourner la page.

IV

« Le poème reste ! »
dites-vous – C'est vrai !
Brave lait modeste
de l'enfant sevré.

Il garde enfoui
au creux de son vase
tout l'évanoui
d'un monde ébloui
qui n'a pas de base.

Mais nous tous que meut
la fable incertaine,
Tristan et Yseut,
Pâris et Hélène,

s'il faut que l'attrait
de ce monde meure,
– qu'est-ce que ça fait
que le vers demeure

aux dépens de l'heure
dont il boit le lait ?

V

Et je pense à ceux
que la guerre essaime,
os à peine vieux,
âmes qu'on écrème,

sans qu'on ait sur eux
penché le poème.

Ils n'ont point connu,
fauchés dans leur herbe
vive, le cri nu,
éhonté, superbe,
du cœur retenu.

… le calme que pose
la mort, sur leurs traits ?
– Nénuphars, vos roses
couvrent le marais.

– Qu'était votre peine
quand on songe à eux,
Tristan et Yseut,
Pâris et Hélène ?

VI

Oui, le vers est là :
anapeste, ïambe.
–
Ça vous fait, n'est-ce pas,
une belle jambe

de couler vos cœurs
dans la terre louche,
comme un fruit qui meurt
dans la bouche,

quand d'autres vivants
viennent par ondées

quand, au cœur, les appas
de ce monde flambent

ça vous fait, n'est-ce pas,
une belle jambe

qu'un génie heureux
mais à court d'haleine
ouvre vos aveux
telles des huîtres pleines
dans ses porcelaines ?

… n'êtes-vous qu'un peu
de fable ancienne

vivre sous le vent,
au nez du savant
spondée,

où puise qui veut?
Pâris et Hélène,
Tristan et Yseut?

VII

Merveilleuse Hélène,
adorable Yseut,
fleurs de nuit, phalènes
dont a soif le feu

– Épouses fidèles
d'éternels barbons,
duvet de chardons
qui faisaient fi d'elles,

(oui, ça me repose,
par le temps qui court,
d'ouvrir au discours
une écluse rose,

quel fut votre drame
quand il vint, vivant,
ouvrir le sésame[1]
... Pâris – ou Tristan?

et, sans me fier,
aux filtres et baumes,
de photographier
ces charmants fantômes)

et quel votre risque,
quand le cœur surpris
de son propre cri
accueillit le disque
...Tristan – ou Pâris?

(Poème baroque,
OUT OF DATE – je sais;
mais qu'on s'est pressé
de changer d'époque[2]!)

Oui, votre chanson
pour son aire d'aigle
n'eut point de rançon
à payer aux Règles.

Vous avez vécu
et tenu l'affiche,
prenant pour fétu
rime et hémistiche,

Vous avez vécu,
certes! Sous ce tendre,
c'est, d'un feu vécu,
l'authentique cendre.

enjambant le vers,
ouvrant la fenêtre

– Ai-je fait de même?
Me suis-je vraiment

dans un univers
qui n'a pas de mètre.

enterré vivant
au cœur du poème ?

… de l'âme trop pleine
le vers sonne creux !
Pâris et Hélène,
Tristan et Yseut.

1. Votre cœur, Madame.
2. « Vous faites la roue ! – Je suis trop acteur au ballet qu'on joue de sang et d'horreur, pour chanter, ce thème ! Ah ! laissez-moi donc prendre le wagon au temps du poème ! »

VIII

Mais vous êtes morts !
Et mon vers demeure
(Si c'est là un leurre
que le prix fut fort !)

Oui, je n'ai tété
que ton lait terrible
dure sainteté
de l'intelligible !

Je n'eus rien à moi
que sanglot et nombre ;
vous eûtes la proie ;
je n'ai eu que l'ombre.

– Erreur ? – Il se peut !
– Était-ce la peine ?
– Juge qui nous veut !
Il soleille et pleut
sur la route humaine,

corps, esprits de peu,
dentelle incertaine
dans la main de Dieu,
Tristan et Yseut !

IX

« And all for nothing!
For Hecuba! »
Hamlet

Et tout ça pour rien :
êtres de salive !
Banale lessive
de l'historien.

Que vous fait de n'être
que ce qui n'est pas
si, néant, tu n'as
pour périr et naître
que mon canevas ?

Que m'êtes-vous donc,
et moi que vous suis-je,
que me fait ce don
votre cœur s'afflige
– brise qui vous rompt
– prise d'Ilion ?

– Piètre historien ?
Maigre dramaturge ?
– Suis-je un démiurge
pour créer de rien ?

… de l'huile à baleine
ça éclaire peu,
Tristan et Yseut,
Pâris et Hélène.

X

Si, pourtant, le cœur
garde son histoire,
si de ce qui meurt,
il y a mémoire,

si vraiment le Dict
n'est qu'un vent du Geste,
Homère qu'un bruit
et Villon qu'un zeste,

si le temps têtu
se souvient du moindre
cil, qui fut battu
au pays du Tendre,

s'il reste la marque
du flot sur le flot,
et si tout sanglot
pèse son Plutarque,

si, pour naviguer
dans l'esprit des hommes
(qui de nous, en somme,
n'y a pas brigué ?),

il n'est point besoin
de vivre en ermite
ni d'être un témoin
du Mythe

– j'ai perdu ma peine !
Que n'ai-je, homme creux,
fait aussi comme eux ?
Pâris et Hélène
Tristan et Yseut !

Refus du poème

Les filles du chant sont venues :
– « Veux-tu de nous ? Nous sommes nues,
nos lèvres sentent la lavande »…

– Je songe aux ravins de Finlande
où dorment des soldats de gel…

Les vierges de sel du poème
m'ont dit : – « Il est temps qu'on nous aime !
Nous sommes nues sous la peau. »

– Je songe aux navires sous l'eau
noyés derrière les vitrines…

Les molles putains de mon songe
me crient : – « Lâche pied et plonge,
que les poissons sont frais et muets ! »

– Je songe aux forçats d'Allemagne :
ils sont maigres sous le fouet…

Les douces mères du sommeil
me choient : « Couche-toi ! Les orteils
dressés vers la pointe du somme.

La belle-au-bois qui dort dans l'homme
ne se nourrit que de baisers… »

– Je songe aux énormes brasiers
qui brûlent autour de la terre…

La vieille édentée de la mort
m'a dit : – « Chaque cheval a son mors.
Ton lot sur terre est la mort lente.
Que ça te déplaise ou non, chante !
Nul être n'a droit au merci…
À quoi penses-tu, ombre vague ? »

– Ô très chère, je songe à Prague !
Je n'entends pas, je n'entends plus
les prières de ses synagogues…

1943

◆

C'est toute la douleur du monde
qui est venue s'asseoir à ma table
– et pouvais-je lui dire : Non ?

Je m'étais fait si petit,
une petite chenille, et j'ai éteint la lampe

– mais pouvais-je savoir qu'elle mûrissait dedans
et pouvais-je m'empêcher qu'elle sortît un jour,
une chanson entre ses ailes ?

J'ai dit à la douleur du monde
qui s'est couchée sous mon ventre :
N'ai-je pas assez de la mienne ?

Vois : j'ai ma propre soif !
On ne peut pas toujours demeurer une chenille
la terre m'est rugueuse au ventre
elle me fait mal votre terre
je suis né pour voler…

D'un bond je lui tournai le dos –
mais elle était déjà dans mon songe.
– Est-ce mon sang qu'elle voulait ?

J'ai dit à la douleur du monde :
– C'est une ruse, une sale ruse.
Voilà que tu chantes en t'en allant…

– Mais à ma place, dites, l'auriez-vous oubliée ?

1944

◆

Épitaphe

Ci-gît recouvert de poèmes
        Isaac Laquedem,
un peu trop porté sur l'extrême,
enfant du vieux Sem,

ayant fait le tour de la terre,
le tour des vivants,
où tout lui parut éphémère,
et tout captivant,

bon bougre après tout – mais instable
(le mal des aïeux),
partout écrivant dans le sable
la langue des cieux.

◆

Élégies

I

Ce n'est rien. Je vous dis que ce n'est rien… À peine
un souffle qui pourrait éteindre une bougie
une ombre qui te suit sur les murs
un peu de sable qui se creuse sous tes pas.

Il ne te reste rien de tous ces beaux voyages
que quelques timbres-poste et quelques souvenirs
quelques disques usés
qui grincent sur le fond de la mémoire lasse.

Pourtant ce furent là de vrais pays, de vrais
baisers, tu étais vraie et juteuse à mes lèvres
ô femme, pain quotidien
qui a fondu au fur et à mesure que j'en mangeais.

Ô choses vraies, vraies, mais périssables ! vraies
justement parce que périssables ! et je me penche

sur ce journal, je veux dire sur cette rose, qui
meurt si vite d'avoir vécu si pleinement.

Chaque chose à son heure a pourvu à ma faim
et chacune est venue au-devant de ma soif
– qu'ai-je à songer maintenant à ces grappes pleines
quand c'est moi-même qui ait sucé les raisins ?

Que reste-t-il de la mélodie après que
la voix s'est tue ? et de l'enfance, quand les poils
ont poussé au menton ? et de l'année quand la main
a froissé la dernière feuille du calendrier ?

Que deviennent ces visages, quand j'ai fermé les yeux ?
– est-il un lieu pour les choses évanouies
comme il y a un lieu
pour les choses possibles mais qui n'ont pas été ?

II

Ça a toujours été le dada du poète
que de chanter la mort des êtres déjà morts
comme s'il les voulait ramener à la vie
pour la joie de les voir mourir encore une fois

et ce n'est pas Ovide seulement qu'il ressuscite
sur les rives du Pont-Euxin. C'est le regret
dans Ovide, le souvenir de telle rue de Rome
de telle alcôve, avec telle femme sur le sofa

dont le baiser telle heure, tel jour et telle année
avait été unique, si bien qu'il charrie avec lui
dans la mémoire d'autres figures périssables
la boucle d'un soulier, la teinte d'un rideau

– soulier depuis longtemps, rideau depuis longtemps,
jetés à la poubelle mais qui pour lui sont frais
comme il est frais encore le baiser de cette femme
morte il y a trente ans au moment du baiser

et enlevée au temps mûrissant ! ou plutôt
vivante au seul instant de ce baiser, éternel
puisque unique, dont Ovide a mille fois ! rêvé
– et auquel le poète prête à nouveau ce rêve

et ce tourment, comme pour se convaincre lui-même
que rien ne meurt de ce qui a été une fois,
que dure davantage ce qui est le plus bref,
qu'est plus substantiel ce qui existe à peine –

car il se moque bien d'Ovide et du regret
dans Ovide, du souvenir de telle alcôve à Rome
à l'existence de laquelle il ne croit pas, pas plus
qu'il n'a jamais cru à l'existence de Rome.

III

Que de fois les visages ont changé de visage !
Que de fois j'ai cloué avec des clous de bois
l'heure entre chien et loup traînée par le halage
– l'âge du capitaine parti pour l'autrefois !

Les hommes sont partis un à un par les portes
par les fenêtres et par les cadres des photos.
Où sont-ils ? Nulle part ! Que de morts et de mortes !
Que ne puis-je manger de votre oubli, Lotos ?

Si je pouvais tenter le voyage en arrière !
Stations charmantes peintes en ocre et en désir

Clara, Chava, Suzy, Stéphanie. C'était hier !
Et toute cette chair n'était que souvenir.

Un peu de moi se trouve en tous ces murs de brique.
À ce vestiaire un peu de mon fantôme pend.
Ne suis-je qu'une vieille usine où l'on fabrique
ce tissu sans sommeil que l'on appelle temps ?

Suis-je celui maintenant qui regarde en arrière ?
Celui qui dans la nasse prend des poissons absents ?
Mais je sais qui a une chair
Sur le quai, ce qui n'a qu'une ombre dans les eaux.

Toutes ces ombres n'est-ce qu'en moi qu'elles perdurent ?
Est-il possible, ô Dieu, que je ne fusse qu'un
miroir usé, qui garde un peu de son étain
pour les ombres futures ?

◆

Lettre non envoyée

Je t'écris. Est-il rien qui soit changé au monde ?
Tu m'écris. Nous avons l'un et l'autre si peur
de nous apercevoir qu'il neige dans nos cœurs
et que nous sommes morts l'un vis-à-vis de l'autre.

Je suis mort peu à peu et sans m'en rendre compte.
Tu es morte petit à petit sans crier.
La chaleur, par degrés, a fui notre courrier ;
et la rose a déjà cédé au perce-neige.

Parfois, je me souviens que tu étais jolie.
Te souviens-tu encor que j'étais âpre et frais ?

Mais oui ! car nous avons gardé les mêmes traits ;
le temps ne marque plus les heures de l'absence.

Toi et moi… Nous avons ensemble lu un livre ;
un livre merveilleux et plein ; chaque détail
portait en nous sa trouble lumière de vitrail ;
et nul, sans nous ouvrir, ne peut lire en ce livre.

Que deviendra-t-il donc ? Puisque je suis myope ?
puisque tes yeux faiblissent ? puisque le livre aussi
a dû chausser de grosses lunettes, a vieilli ?
puisque ni toi ni moi ne pouvons plus le lire ?

Des bribes cependant restent, dis-tu : « Je t'aime ! »
Ah, l'ongle pousse encor quand le cadavre est froid ;
d'autres ont dit ces mots que j'inventais pour toi,
d'autres ont éclairé leur vie à ces bougies.

Moi-même j'essayai, plus tard, quand nous nous fûmes
perdus, de dire encor « je t'aime » ; et ça sonnait
comme un caillou jeté dans l'eau ; je m'étonnais
qu'il pût quand même ouvrir un cercle dans l'eau lisse.

L'aurais-tu essayé aussi ?… J'étais si loin !
C'est ainsi que nous-mêmes avons rompu le charme.
On ne peut pas pleurer deux fois la même larme ;
on n'en appelle pas aux dieux qu'on a trahis.

Chaque jour qui s'en va t'efface davantage
en moi. Ne pleure pas ! Tu pars, mais c'est des trous
qui restent, là, au mur, où sont rouillés les clous ;
et quand tu t'en iras, entière, de mon être

rien ne subsistera qu'une passoire où l'eau
naïve chante. Hé oui, en moi, tu seras morte –

ma chère. Morte dans un mort ! Et de la sorte
nous serons côte à côte, comme toujours absents.

Je t'écris. Comprends-tu ! Je n'ai rien à te dire.
Pourtant je me cramponne à toi, ô toi qui es
le glacier qui dans l'eau engendre son reflet
– un reflet qui serait, quoi ? à défaut d'image.

◆

Neige tombée

Neige tombée, neige tombée dans le siècle
loin, loin de moi, dans la nuit de ma seizième année.
T'ai-je oubliée, jeunesse étrange et mutinée –
à peine plus réelle que le seizième siècle ?

Doux crépuscule ! Es-tu là dans un coin de ma chambre ?
Clair feu de bois, est-ce toi qui ambres ma peau ?
Oui, les saisons ont passé ; eh oui, les Décembres
roulent sur les pavés le creux de leurs cerceaux.

Neige tombée ! Souviens-toi ! Tu voyageais dans un livre.
Vives, des jeunes filles entraient, au goût de sel
– mortes depuis que mon désir était ivre !
Qui eût pensé que lui seul resterait éternel ?

Doux crépuscule ! Plus tard, sur les quais, les môles
tant de fois ont sangloté nos adieux !
Oui, tu t'appuies encore sur ces fraîches épaules
cœur têtu pareil au vin devenu vieux.

Neige tombée ! Dans l'âtre, à présent, d'autres bûches
flambent ! Mais c'est la même chanson.

Vrai, j'ai voulu en vain pour un baiser de vos bouches
descendre aux Enfers et payer la dure rançon.

Doux crépuscule! La neige est tombée. C'est le siècle,
c'est le vent, c'est le temps et le sang mutiné.
Loin, loin de moi : où es-tu ma seizième année –
à peine plus réelle que le seizième siècle?

◆

Il se peut que plus rien ne réponde à la vie
que rien ne puisse vaincre cette matière-là
assise auprès du feu, la chair molle,
un regard immobile où se posent les mouches
errant d'une fenêtre à l'autre, d'un continent à l'autre
– pendant que la vision se décolle des yeux
que la fête a quitté le palais de l'ouïe
que les peintures ont abandonné l'esprit
une à une, laissant le vide sur les murs
– comme quelqu'un partant pour un très long voyage
enlève des patères jusqu'aux chapeaux usés
le parapluie de l'ancêtre
et qu'il ne reste plus dans la chambre obscure
où il traîne une affreuse pelure de lumière
que maintes – si menues – images de l'enfance
confuses, dépolies,
qui s'en vont et reviennent et nouent une ronde
– jolies, fantastiques –
quelque vieux rêve plein de ressorts, mécanique,
un petit film, toujours le même,
et qui ne m'éveille un peu dans cette chair absente
une flambée de rêverie

– que lorsque, par caprice,
il se dévide, tout bêtement à rebours.

◆

Je ne suis pas le pilote
de ce bateau que les aubes ont lavé à grande eau
– et les soirs. Je n'ai pas
le droit de commander aux houles
ni mettre de côté
un peu d'écume pour mes vieux jours. Toutes ces autres
écumes, les mouettes,
obéissent à d'autres regards. Je n'ai pas,
voyageur toléré sur le pont, en partage
avec vous, que le droit d'être jeté dessus
le bord, à l'achevé du cycle. De ce droit
ce n'est pas mon dessein d'user. Je vous respecte
marins et vous pilote,
je vous serre la main, commandant. Sur ce pont
vous êtes tous chez vous. Oui, mais moi-même
je ne suis pas d'ici
et me laisse laver par les aubes. Je triche.
Je ne partage pas votre vie. Ma sueur
ne se joint pas à votre travail. Mon visage
est loin. Oui, mais le soir
sous la lampe j'exprime le jus de la journée
sous mon pressoir. Le temps est fini. On commence
un autre voyage. Mais là
nous voyageons ensemble
dans un poème dont je suis le pilote
en un temps, en un temps où il n'y a pas de temps.

1943

◆

La terre finit quelque part, la vie finit quelque part,
qu'importe ! les nuages
flottent dans la mer du regard, ils flottent
fuyants, insaisissables,
et je suis parmi ce troupeau de moutons
comme jadis, enfant,
quand j'écrivais, avec un bâton dans le sable.

◆

J'ai cru bien entendu
qu'il fallait partir à la chasse, poursuivre
le temps comme une biche rapide, arracher
ses cornes, jouir
de l'hémorragie des heures
tombées dans le crépuscule la face couchée dans l'étang.
Je ne voulais pas, bien sûr,
m'éloigner de moi-même, me perdre,
et ne plus retrouver
ces heures tranquilles et longues
que j'avais laissées en arrière,
ces heures à côté du temps
que je sais encore là, douces et immobiles,
et qui n'ont point encore compris
ce que j'espère du voyage
dans un temps qui ne peut même pas se passer
du temps.

◆

Si j'avais été comme vous, parmi vous, ayant vos
traits et vos visages vénérables
comment eussé-je fait pour vivre à l'écart,
et me sentir dissemblable ?
mais si j'avais été différent de vous et de
nature étrangère comme la rivière est au sable
(et peut-être ne sont-elles pas si étrangères qu'elles
me semblent)
comment eussions-nous pu, ne serait-ce qu'aux
heures d'amour, de solitude,
sentir en nous ce lien – ce lien ténu et rude
qui chante à l'unisson notre similitude ?

Si vous étiez nés paysans, si j'étais né fantôme,
si vous étiez comme l'escargot
couverts en naissant d'un toit de chaume,
si votre esprit s'arrêtait là où cesse la terre,
si votre soif cessait quand le jus de
la pomme ou du vin a diminué dans le verre,
si la femme couchée dans le foin ou dans un coin de l'écurie
apaisait vos désirs somnolents et que nulle Furie
ne revenait vous voir dans vos nuits d'insomnie,
s'il n'y avait pas des rats dans vos caves et
dans vos greniers des charançons,
et le sel d'une larme au fond de vos chansons,
– si nous étions nés au fond des mers comme poissons,
si l'Océan seul était notre terre arable,
si nous étions toujours à chercher (sur les
cartes) des continents découvrables,
si on nous offrait un lit et que nous demandions un hamac,
que la saveur nous parût insipide du cidre et ennuyeux
le tic-tac

de la pendule, qui verse le temps petit à petit, économe,
si nous ne rêvions pas à vos chambres emplies de l'odeur
de la pomme,
si nous étions nés voyageurs, vagabonds, clochards,
cheminots,
si nous étions toujours ivres et vous toujours au repos,
si nous aimions la misère, la souffrance et les voiles
de l'incertitude.
Si vous aimiez la paix, les travaux, la fatigue et le rude
bonheur, sans songe, ni nostalgie, ni réveil –
si vous étiez toujours aux champs et nous toujours
sur un écueil,

Eh bien, je ne pourrais pas vous envier – ni vous
souhaiter quelquefois de prendre notre place...
Mais vous savez pourtant que vous-mêmes et nous-
mêmes sommes de même race,
que je n'ai pas demandé à partir et je pars,
traqué d'un bout à l'autre de l'univers épars,
et que vous qui restez comme charrue en terre,
vous n'avez pas demandé la joie de ce mystère
qui n'est un que pour moi – que sous la lampe au soir,
quand la pensée du jour s'enferme dans les tiroirs,
et que l'odeur de bouse éclate dans l'étable –,
vous partez sur les routes et sur les mers instables
sans qu'on vous ait chassés. Et nous quittons le même paradis,
qu'on nous y ait chassés ou qu'on vous y ait mis.

◆

d'après Walt Whitman

Pendant qu'assis avec d'autres à un grand gala, tout à coup
sans prendre garde à la musique,

ma pensée s'est portée (mais d'où cela est venu, je ne sais)
à un naufrage en pleine mer, en plein brouillard fantomatique
– aux navires – comme ils quittent le port, bannières
au vent, mouchoirs au vent et celui-ci est le
dernier qui s'en va,

– au sombre et solennel mystère qui plane sur le
destin du *Lusitania*,

– à la fleur de tant de siècles de science nautique
sauvagement effondrée sur la côte nord-est, coulée à pic,
au paquebot *Titanic*, coulé à pic

– à la toile brouillée – femmes groupées en hâte
sur le pont, héroïques et pâles, penchées longuement
sur l'instant qui approche. Oh! l'instant.

Un ample sanglot – quelques bulles – la blanche
clameur de la houle – et plus de femmes sur le pont
évanouies, pendant que la mer roule impassible ses lames.

Et je songe: ces femmes, sont-elles parties pour de bon?
Est-il si simple que ça de noyer, de couler
des âmes?

N'est-il victoire que de la
force brutale?

◆

Je n'ai jamais rien compris à ces mélanges
j'entrais et d'autres sortaient,
puis d'autres qui tournaient autour du crépuscule

ou se penchaient sur les saisons
et nul ne se doutait que ce n'était pas là
la terre ferme,
que l'océan n'était pas un jardin suspendu
j'entrais à tout instant dans la vie des autres
et j'oubliais de fermer les portes après moi
chacun portait en lui un monde doux et tendre
des coins où l'on était surpris par la douceur
je n'avais pas de nom, comment s'appelaient-ils?
C'était si bon de ne pas avoir de figure,
si bon d'être poreux, ouvert,
qu'à l'heure de dormir, chacun
se disait en rêvant: – que sera-t-elle encore
cette grande journée, sans dieu, du lendemain?

◆

Avons-nous avancé assez dans l'apparence
assez vu cette vie couler, couleur de vitre,
nous nous sommes blessés aux choses d'outre-monde
portes fermées, ô visions –

c'est la même chanson stupide et décevante
le même espoir avec des sources dans la voix
la même inexplicable envie d'un sanglot
dont on ne sait que faire.

Tous ces cheveux tombés et ces cils et ces ongles
laissés derrière nous, veux-tu qu'on s'en souvienne,
La nuit est là. Le monde meurt,
et la forêt est pleine de craquements nouveaux.

1942

Lorsque le voyageur échappé au naufrage
parvint enfin dans l'île, ayant sauvé des flots
sa brosse à dents, sa pipe, son mal de foie et son
ancienne incrédulité au miracle,
le temps fondit soudain comme un paquet de neige,
le silence, soudain, craqua de toutes parts
le sang du voyageur devint léger et ivre,
si ivre et si léger
qu'il entra dans les choses et les choses entrèrent
en lui dans une soif de combustion si vive
que sa vue trébucha parmi les visions,
éprouva des malaises, des hallucinations
si fortes, des extases et des révélations
si claires, qu'il prit peur en lui, de devenir
une araignée, ou bien une fraise des bois –
si peur, qu'il se jeta à genoux, qu'il pria
son dieu trop excellent pour faire des miracles,
et se laissa tomber d'un rocher à la mer
juste un instant avant
qu'on ne lui eût donné l'esprit de prophétie.

J'avais crié mon nom en montant l'escalier
et maintenant que des portes s'ouvraient
à chaque étage, ou se refermaient devant moi
que je pouvais entrer partout
avec mon songe
ou avec d'autres clefs que je portais sur moi,
dans des appartements merveilleusement vides

des pièces habitées par des esprits dormants
ou dans d'autres encore toutes pleines de nus,
cette angoisse me revenait insupportable :
« Avait-elle entendu mon nom ? devinait-elle
pourquoi j'étais monté dans l'escalier ? à pas de loup
était-elle sortie en chemise de nuit
dans la rue, pour crier à qui voulait l'entendre
le merveilleux secret –
que je n'avais pourtant confié à personne ? »

J'avais crié vers Toi. Ai-je crié trop fort ?
ou n'ai-je pas assez crié ? avec assez
de foi ? car le désastre tomba. Je le savais.
Il était enfoui en moi depuis longtemps
je le portais en moi. Je l'avais mûri
et maintenant il se détachait en moi comme un fruit mûr
le fruit *réel* d'une idée.

As-tu jeté un seul regard ? La route était
sous ton œil. J'y étais, bien sûr, sur cette route.

◆

On cessa de parler sans motif, puis avec
motif… ensuite vint la nuit… ensuite, ensuite
je ne sais plus très bien et on se sépara
ou peut-être était-on séparé depuis bien
longtemps… depuis des siècles peut-être…
Quelle importance ça avait
qu'il y ait eu depuis des rêves et des guerres,
des naissances, des morts, d'autres événements
que l'on avait photographiés
et un inceste dans une noble famille

terminé dans le sang… Et puis CE FUT UN SOIR
l'Histoire s'arrêta de couler
dans une ruelle sombre
des hommes avancèrent vers moi, ils étaient beaux
ils me parlaient dans une langue
inconnue – et pourtant aussitôt oubliée…

◆

Ces choses n'avaient ni commencement ni fin
cela ne finissait pas d'être
pas un trou, pas la moindre fissure
pas un visage lézardé !
les hommes se tenaient coude à coude, serrés,
comme pour empêcher qu'on y passe
pas une absence entre deux vagues
pas un ravin entre deux mots
pas un passage entre deux seins
lourds, gras,
et pourtant au travers de la muraille lisse
quelque chose suintait
l'écho ranci d'une fête étrange,
une sueur de musique,
les gouttes d'un sang frais qui caillait aussitôt
sur la peau morte du monde.

◆

il y eut autrefois des choses sans musique
des pays qui fondaient comme un fruit dans la bouche
des étés haletants

des silences plus frais que neige
des êtres qui entraient en nous et qui sortaient
sans qu'on s'en rendît compte,
nourritures, paresses savantes, jus d'oiseaux
idiomes heureux, échanges,
de sorte qu'on était ce qui entrait en nous
parfois un cil, parfois un ange
parfois un baobab où la hache faisait
des blessures délicieuses
et quand, souvent, des femmes ou des sangsues roses
se collaient à nos corps
on éprouvait soudain la joie d'être mangé
et le délice affreux de devenir un autre.

◆

La tête sur la roue
j'avance face contre terre
lié par ce solide mouvement
qui ne se peut briser qu'il ne me jette –
Je roule dans le cadre fermé
avec la solitude à droite et le grand pont
rouillé à gauche. Vaches. Des vaches ont été
semées dans le pré. Des meules immobiles.
Une rivière coule au rebord de la toile
et nous formons un nœud si ferme et si ténu
qu'il suffit de la moindre velléité obscure
de ciller, de la moindre poussière dans l'iris
pour que le paysage s'allonge sur le dos
et couvre d'une goutte de sang imprévisible
la signature à peine séchée dans un coin.

C'était un long, un dur conflit
avec moi-même
et néanmoins je m'y obstinais bêtement
sourdement

… de tous côtés s'ouvraient des portes
qui menaient au salon perclus de rhumatismes
ou bien à quelque absurde terrasse sur la mer

d'autres portes ouvraient sur des escaliers
… Le siècle mûrissait, au-dessus des toits,
l'agonie de quelques nuages

le vent plus grand qu'un homme
chassait sur les pavés
les feuilles des forêts abattues

De vieilles, vieilles pensionnaires flétries
lisaient dans le café
l'avenir qui s'était écoulé goutte par goutte
déjà !

À force de rêver…

Je me voyais me voir
traverser en courant un grand nombre de vies.

◆

Ce n'était pas de l'étonnement, mais peut-être
une sordide angoisse

qui m'avait fait pousser dans ce faubourg d'orties
juste au moment où l'on y ramassait le ciel.
Je n'y avais jamais été que je sache
je ne pouvais savoir s'il existait *vraiment*
– en avais-je rêvé ?
mais je savais maison par maison tous les noms
des habitants et leurs commerces,
le nom des gosses et ceux de leurs anges gardiens
– je m'y intéressais surtout
à une femme enceinte qui devait loger là
ou à quelque émigrant revenu d'Amérique
– je n'étais pas fixé...
Il s'attachait à eux je ne sais quelle idée
qu'il me fallait tirer au clair
de trésor enfoui, d'enfances fabuleuses,
de meurtres impunis
et d'une fin du monde absolument MODERNE.

◆

N'est-ce qu'un songe ? être un autre que moi-même ?
... les routes montent, elles ont des torrents dans la gorge –
qu'il ferait bon d'y boire ?
et de l'autre côté on entre dans la mer
et c'est la fin du monde qui s'avance.
Les étoiles, c'est de la neige dans les mains
et dans un coin c'est une explosion de roses
et l'empreinte des pas de l'homme dans les dieux
– oh, oui, la vie est belle
est jolie la femme qui mange une marguerite
nue debout, que les fourmis prennent pour un gazon
étonnées d'y trouver tant de douceur au ventre...
... elle est la vie d'une beauté savante

elle est là… je m'avance… je lâche pied… j'y suis –
suivez-moi camarades !
… si on pouvait rouler du faîte de ce roc !

◆

ces choses anciennes dont on ne parle plus
quelques-unes d'hier et d'autres
jetées dans les égouts avec les vieux mégots
– vécu jeté aux quatre vents
nous avançons ensemble, il fait hiver, il gèle
ensemble il nous faudra engendrer l'avenir
ensemble nous tendons la main, la Seine coule
que sommes-nous ? le vent m'emporte
n'êtes-vous que des fables comme tout ce qui a
été, oh ! choses à peine croyables, et pourtant
un temps viendra où moi je ne serai
qu'une fable une sorte absurde de secret
mythique, existence qui exista, où donc ?
en quel siècle ? la Seine coulait en ce pays
elle charriait encore des cadavres, des dieux
et quelques vieilles, vieilles superstitions étranges

◆

Nous n'avons rien à dire aux ombres
qui ont cherché refuge en nous
elles parlent si bas qu'on ne les entend pas
elles parlent une langue étrangère, inconnue,
elles donnent des fêtes énormes
et parfois en ouvrant une porte
sur un escalier sans issue
un air nous envahit, délicieux, absurde,
qui n'est certes de nulle part.

◆

William Blake

Ô rose, tu languis!
La larve inapparente
qui bat son vol de nuit
perdue dans la tourmente

a découvert ta couche
de joie merveille, ô sœur!
De ses amours farouches
– tu meurs!

◆

Le chant du prisonnier

à mes camarades des stalags

La louve tout à coup suivie de son sang
sur la neige où se traîne sa forme chancelante
cède pour un instant au cri de la stupeur
mais aussitôt s'éveille à soi et se lèche
les plaies. De son œil, elle compte les petits
blessés dans la bataille, mais rescapés. Son gîte
est chaud, de la chaleur de tous ces yeux ouverts
qui rêvent en commun. C'est pour l'instant un rêve
encore, mais un rêve silencieusement
boulangé. Il faudra de neuves énergies
pour l'amener enfin au point d'éclosion
désiré. Mais la race est forte et la puissance
non ébréchée. Demain est lui aussi un jour…

1940

Annexes
Note de l'éditeur
Chronologie
Bibliographie

Annexes

Un poème inédit

(collection privée)

Je songe au passant qui
Traverse sans hâte la rue.
Que de fois déjà il l'a vue !
Il ne la reverra plus.

Je pense à l'homme qui
Étend dans ses draps une femme.
La vieille chanson que la femme !
Mais c'est pour la dernière fois.

Je pense au poète vieilli.
Voyez : il écrit un poème.
En a-t-il écrit, des poèmes !
Mais celui-là c'est le dernier.

Je pense à l'homme qui
Éteint sa lampe et se couche.
Tant de fois il s'est endormi !
Mais cette fois c'est pour de bon.

Je pense, je pense, je pense
à la vie des éphémères
qui meurent en ouvrant les yeux.

septembre 1943

Ulysse

*Ce projet de présentation de la « seconde version » d'*Ulysse *clôt le manuscrit daté de 1941, déposé à la Bibliothèque littéraire Jacques Doucet (ms 7 072). Il se présente sous forme dactylographiée comme tous les poèmes rajoutés par rapport à la première édition de 1933 d'*Ulysse*. Par la suite, Fondane a encore révisé son livre, laissant un dernier manuscrit daté de 1944, dans lequel ce texte ne sera finalement pas inséré. Les mots et segments de phrase mis entre chevrons sont biffés sur la copie.*

Cette seconde version d'Ulysse se fait au jour le jour (elle n'est pas terminée) par un homme à peine rentré du camp de prisonniers et de l'hôpital et que la police traque, à tous les carrefours, <pour le jeter dans un camp de concentration>. Peut-être sera-t-elle achevée avant que la liberté ne lui soit ravie, peut-être sera-t-elle interrompue, comme le trop fameux poème de Chénier. Ce sont là des conjonctures, ce semble, étrangères au poème en général – mais elles ne sont pas étrangères à ce poème-ci en propre. Par une étrange ironie, l'universel, ici, rejoint le particulier, l'action <la vie> se trouve être exactement la sœur du rêve <poème>. Bien entendu, ce n'était pas le cas, l'accord était loin d'être parfait, au moment où le poème fut conçu vers 1929. Il s'agissait alors de matière poétique pure, inactuelle, d'une prise de réel à travers la couche habituelle d'un vécu lointain. Malheureusement, l'actualité est venue, brutale, à ces images – elle donne une couleur d'immédiat, à ce qui était devenu esprit et forme, une couleur de hic et nunc à ce qui se passait *sub specie aeterni.* Le lecteur naïf pourra croire que le poète a puisé sa poésie à même le vécu imminent – comme si cela était possible. Mais il est vrai qu'un traumatisme actuel – qui, par essence est destructeur d'affectivité créatrice – peut réveiller des traumatismes déjà anciens, déjà guéris, mais analogues – faire jaillir la poésie dans une autre couche, plus loin. C'est ce qui explique que, incapable de nous mettre à écrire quoi que ce soit, nous nous soyons remis à Ulysse. Et peut-être aussi y avait-il là, l'angoisse de parfaire, dans la précarité et l'instable, <ce qui avait été déjà dit, mais pas assez, pas assez bien.>

Note de l'éditeur

Ce volume regroupe sous le titre *Le Mal des fantômes* les cinq livres de poèmes écrits en français par Fondane, selon le désir exprimé dans la lettre[1] qu'il a pu faire parvenir à sa femme du camp de Drancy, où il fut interné du 14 mars au 30 mai 1944.

Une première version d'*Ulysse*, écrite au retour d'un voyage en Argentine effectué en 1929, a été publiée en 1933, à Bruxelles, aux Cahiers du Journal des poètes. Fondane a remanié son poème de 1941 à 1944. Nous en reproduisons la dernière version datée de 1944, restée inachevée (ms 7 073)[2]. Pour cette édition, Monique Jutrin a veillé à l'ordonnancement du poème et a reconstitué la numérotation de ses séquences, sans doute laissée en suspens.

Le poème éponyme *Le Mal des fantômes* a été écrit en 1942-1943 et est également resté inachevé. Des extraits ont été publiés dans les *Cahiers du Sud*, n° 268, octobre-novembre-décembre 1944. Nous présentons dans cette édition la nouvelle lecture de ce poème que propose Patrice Beray à partir de la dernière version qui en est conservée (ms 7 065).

Titanic a été écrit avant et après un second voyage en Argentine, où Fondane a réalisé le film *Tararira* en 1936. Il a été publié en 1937, à Bruxelles, aux Cahiers du Journal des poètes. Fondane n'a apporté ensuite que des corrections mineures à ce poème, mais il a supprimé plusieurs de ses séquences (ms 7 071).

L'Exode, pour l'essentiel, « a été écrit entre *Ulysse* et *Titanic*, vers 1934 ». La « Préface en prose » et l'« Intermède » ont été ajoutés postérieurement, en 1942 ou 1943 (ms 7 059). Ce livre de poèmes est resté inédit jusqu'en 1965. À cette date, il fut édité par Claude Sernet et Gaston Puel à la Fenêtre Ardente.

Les poèmes qui composent *Au temps du poème* (ms 7 054 et 7 056) ont été écrits entre 1940 et 1944. Ils sont restés inédits jusqu'à leur publication par la revue *Non lieu* en 1978.

Les cinq livres de poèmes qui composent *Le Mal des fantômes* ont donné lieu à une première édition par Plasma en 1980, puis à une deuxième, précédée de la traduction française du recueil *Privelisti*, par les éditions Paris-Méditerranée et l'Éther Vague, en 1996.

1. Lettre du 29 mai 1944, publiée dans le Bulletin de la Société d'études Benjamin Fondane n° 2, 1994.
2. Les manuscrits de l'œuvre poétique sont conservés dans le fonds Fondane de la Bibliothèque littéraire Jacques Doucet.

Chronologie

1898. Naissance de Benjamin Wechsler à Jassy (Moldavie), le 14 novembre. Fils d'Isaac Wechsler et d'Adela Schwarzfeld. Benjamin est le cadet de la famille ; il a une sœur aînée, Lina, et une sœur puînée : Rodica. Son père est un commerçant dont les parents sont originaires de Hertza, bourgade située dans le nord de la Moldavie. Sa mère appartient à une éminente famille d'intellectuels juifs, son propre père, Benjamin Schwarzfeld, originaire de Galicie, pédagogue et hébraïsant, ayant créé la première école juive à Jassy. Elias, Moses et Wilhelm, les frères d'Adela, sont des érudits notoires. Elias Schwarzfeld a écrit une *Histoire des Juifs de Roumanie.*

1904-1913. Études primaires et secondaires à Jassy : à l'école Trei Ierarhi puis au lycée Alexandru cel Bun et enfin au Liceul National.

1912. Encore lycéen, il publie dans la revue *Valuri* (Jassy) sous le pseudonyme de B. Fundoianu.

1914-1916. Collabore aux revues *Absolutio*, *Revistanoastra*, *Zari senine*, *Versuri si proza*, *Revista critica…*

1916-18. Collaboration régulière à *Rampa* ; publie aussi dans *Chemarea*. Publie des traductions de poèmes yiddish et ses propres « sonnets bibliques » dans les revues juives *Hatikvah*, *Lumea Evree*, *Bar-Kochba*, *Hasmonaea*.

1917. Février : son père meurt victime du typhus exanthématique à l'âge de 52 ans. Année d'intense création poétique (cycle « Hertza »).

Fait la connaissance du poète symboliste Ion Minulescu qui l'estime et l'encourage. Par ailleurs, Gala Galaction patronne les débuts du jeune B. Fundoianu dans la presse littéraire.

1918. Publie un drame métaphysique à thème biblique : *Tagaduinta lui Petru* (*Le Reniement de Pierre*) aux éditions Chemarea (Jassy).

1919. Quitte Jassy pour s'installer à Bucarest. Passe le baccalauréat au lycée Matei Basarab (Bucarest) et s'inscrit à la Faculté de droit à Jassy. Il abandonne ses études au bout de trois ans. Correcteur auprès du périodique sioniste *Mântuirea*, dirigé par A. L. Zissu ; collaboration fréquente aux revues *Umanitatea*, *Rampa*, *Adevarul literar si artistic*, *Contimporanul*, *Sburatorul literar*.

Il est très actif dans les groupes d'avant-garde de Bucarest, entouré de Ion Vinea, Stefan Roll, Ilarie Voronca, Sasa Pana, F. Brunea-Fox, Marcel Iancu, M. H. Maxy, Iosif Ross.

1921. Publie un volume d'essais consacrés à des auteurs français : *Images et Livres de France*. Sa préface, où il affirme la totale dépendance de la littérature roumaine à l'égard de la littérature française, suscite de vives critiques. (Une note sur la page de garde annonce un autre volume : *Images et Livres roumains*, qui ne paraîtra jamais.)

1922. Fonde le théâtre d'avant-garde Insula (« L'île »), inspiré par le théâtre de Jacques Copeau, en collaboration avec sa sœur aînée, Line qui était actrice, et son beau-frère Armand Pascal, metteur en scène.

Écrit une version roumaine du *Festin de Balthazar*, et probablement aussi de *Philoctète.*

1923. Fermeture d'Insula à la suite de difficultés financières et de réactions antisémites.
Collaboration à la revue d'avant-garde *Contimporanul* dirigée par Ion Vinea et Marcel Iancu.
Publie une série d'articles sur *Les Révélations de la mort* de Léon Chestov dans *Adevarul literar si artistic* (5 août-9 septembre).
Décembre: départ pour Paris.
Premier domicile parisien: rue des Saints-Pères, dans l'appartement de Remy de Gourmont, où il remplit l'office de gardien et de bibliothécaire.

1924. **Printemps**: rencontre de Léon Chestov chez Jules de Gaultier.
Arrivée à Paris de sa sœur Line et de son beau-frère Armand Pascal, qui travaille avec Gaston Baty.
Domicile: 15, rue Jacob.

1925. **Mars**: création de la revue d'avant-garde *Integral*, dirigée par F. Brunea-Fox à Bucarest. Fondane et Voronca assument la rédaction parisienne de la revue. Fondane y publie de nombreux articles (sur René Clair, J. Cocteau, J. Delteil, J. Copeau) en français. Il publie aussi des articles en roumain (signés Fundoianu) ainsi que des poèmes roumains écrits avant 1923.
Mai: « Exercice de français », premier poème connu en langue française, dans *Contîmporanul.*
Octobre: une note publiée dans *Integral* annonce que B.F. vient de finir un essai: *Faux Traité d'esthétique.* Il s'agit d'une première version qui ne fut jamais publiée.
Domicile: 19, rue Monge.

1926. Grâce à l'entremise de son ami Ilarie Voronca, Fondane est engagé dans la compagnie d'assurances L'Abeille où il fait la connaissance de Geneviève Tissier.

1927. Collaboration à *Integral*: textes français et roumains.
Avril: interview de Tzara par Fondane et Voronca dans *Integral.*
Juin-juillet: n° spécial sur le surréalisme français et roumain: éditorial de Fondane; textes de Max Jacob, Tzara, G. Ribemont-Dessaignes, J. Delteil, P. Reverdy, P. Dermée.
Trois poèmes en langue française: « S.O.S. », « À Madame Sonia Delaunay » et « Scènes de la vie des Lapons » (fragment d'un manuscrit intitulé « Projet Ulysse 1927 »).

1928. Fondane se rapproche du groupe Discontinuité, animé par Claude Serrent et Arthur Adamov, et publie dans la revue *Discontinuité* son poème « Le regard de l'absent ».
Collabore à la nouvelle revue *Unu* (Bucarest), dirigée par Sasa Pana.
Avril: sortie de son premier livre en français: *Trois Scenarii. Ciné-poèmes* (Documents de l'esprit nouveau), illustré d'une photo de Man Ray.
La Confession d'un candélabre de L. Zissu, contes hassidiques traduits du roumain et préfacés par Fondane (Paris, Picart).

1929. Janvier: « Un philosophe tragique: Léon Chestov » dans *Europe.*
Mars: décès de son beau-frère Armand Pascal.
Juin: « Edmond Husserl et l'œuf de Colomb du réel » dans *Europe.*
Juillet: départ pour l'Argentine, où il est invité par Victoria Ocampo à présenter des films d'avant-garde et à faire des conférences à l'Université de Buenos-Aires.
Septembre: conférence à la Faculté des lettres de Buenos-Aires: « Léon Chestov et la lutte contre les évidences ».
« Presentación de filmos puros » dans *Síntesis III.*

« Constantin Brancusi » dans *Cahiers de l'Étoile.*

Octobre : retour à Paris.

1930. Février : termine une première version de *Rimbaud le voyou*, dont le manuscrit est refusé par Gallimard.

Unu n° 22, « Poésie pure : de P. Valéry à T. Tzara ».

Publication de *Privelisti* (« Paysages ») à Bucarest : poèmes écrits entre 1917 ET 1923.

Fait la connaissance d'A. Artaud, dont il défend ardemment le théâtre.

Mars : deux poèmes publiés dans *Chantiers* n° 8, revue de J. Bousquet et R. Nelli.

Printemps : entre aux studios Paramount à Joinville-le-Pont comme assistant metteur en scène et scénariste.

Avril : *Unu* n° 24 : fragments d'*Ulysse.*

Mai : « Marc Chagall » (en roumain) dans la revue *Adam.*

Fragments d'*Ulysse* dans *Commerce.*

Collaboration aux *Cahiers de l'Étoile.*

1931. Fondane épouse Geneviève Tissier le 28 juillet.

Collaboration à *Unu,* où il publie des fragments d'*Ulysse.*

Collaboration à *Sur*, revue fondée par Victoria Ocampo.

Prend contact avec les *Cahiers du Sud*, par l'intermédiaire de J. Bousquet.

1932. Collabore au *Journal des Poètes,* que L. P. Flouquet vient de fonder à Bruxelles en 1931. En mars, Fondane y publie une anthologie de poésie roumaine ainsi que des fragments d'*Ulysse*.

Juin : Commence à collaborer aux *Cahiers du Sud* avec un article sur Heidegger : « Sur la route de Dostoïevski : Martin Heidegger » (le même texte paraîtra en espagnol dans *Sur*).

Travaille au *Festin de Balthazar*, dont la première version en langue roumaine remonte à 1922.

Il travaille aussi à *Philoctète* ainsi qu'à une première version du poème qui deviendra *L'Exode.*

Le 15 avril : emménage 6, rue Rollin.

1933. Publication de *Rimbaud le voyou* chez Denoël.

Publication d'*Ulysse* aux Cahiers du Journal des Poètes (Bruxelles).

Collaboration aux *Cahiers du Sud*: deux articles sur Kierkegaard, un extrait de *Rimbaud le voyou*, des textes sur le *Gogol* de Boris de Schloezer, sur *l'Ulysse dans la Cité* de Voronca ; collabore au *Cahier bleu* : « À propos de l'Église de M. Céline » et « Lever de rideau » ; aux *Cahiers jaunes* : « Cinéma 33 » ; et à *Documents 33* (Bruxelles) : un fragment de *Rimbaud le voyou* et « Réponse à une enquête sur le cinéma soviétique ».

Février : commence à noter la teneur de ses conversations avec Chestov. Ces notes formeront plus tard l'essentiel des *Rencontres avec Léon Chestov.*

Été : tournage du film *Rapt* en Suisse avec Dimitri Kirsanoff (Fondane avait adapté pour l'écran le roman de Ramuz : *La Séparation des races.*)

Collaboration aux *Cahiers du Sud* (« Chestov, Kierkegaard et le serpent », « Une politique de l'esprit : le premier congrès des écrivains de l'URSS ») ; au *Cahier bleu* (textes sur Gide et Poe) aux *Cahiers juifs* (« Chagall » et « Proverbes ») ; à *Viata Studenteasca*, revue d'étudiants roumains publiée à Paris (« Appel aux étudiants » : « Demain, dans les camps de concentration, il sera trop tard. »)

1934. **Printemps :** rencontre de Martin Buber chez Chestov. La discussion porta sur les événements allemands et européens, sur Hitler, le fascisme et le communisme, ainsi que le « serpent » de la Bible.

1935. Polémique avec Jean Wahl dans les *Cahiers du Sud* à propos de Kierkegaard, à la suite de l'article « Héraclite le Pauvre. Nécessité de Kierkegaard ».

Visite de la famille : sa mère, sa sœur Rodica et son beau-frère Paul Daniel.

Juin : assiste probablement au Congrès des Écrivains pour la défense de la Paix. Propose son « Discours non prononcé » à Ballard, qui refuse de le publier.

Publie dans les *Cahiers du Sud* son premier article sur Bachelard.

1936. Publication de la *Conscience malheureuse* chez Denoël : essais consacrés à Chestov, Husserl, Heidegger, Bergson, Gide, Kierkegaard…

Collaboration aux *Cahiers du Sud*, à *Sur*, à *Schweitzer Annales*, à *La Revue juive de Genève* (« Léon Chestov à la recherche du judaïsme perdu »).

Fin avril : second voyage en Argentine pour y tourner *Tararira.* Retour en **octobre** : rencontre des Maritain et d'Ungaretti sur le *Florida* lors du voyage de retour.

1937. Publication du poème *Titanic* aux Cahiers du Journal des Poètes (Bruxelles).

Collabore aux *Cahiers du Sud,* à *Sur,* au *Courrier des poètes* (Bruxelles) ; publie un article dans *La Revue de Philosophie :* « À propos du livre de Léon Chestov : *Kierkegaard et la philosophie existentielle* ».

Collaboration suivie à la revue *Le Rouge et le Noir* (Bruxelles) : 7 articles (rubrique intitulée « La philosophie vivante ») et un fragment de *Titanic.*

1938. Publication du *Faux Traité d'esthétique* chez Denoël.

Novembre : mort de Léon Chestov.

Publie son premier article dans *La Revue philosophique :* « Léon Chestov et la lutte contre les évidences ». Continue à collaborer aux *Cahiers du Sud* et à *Sur*. Collabore à d'autres revues e.a *Cahiers blancs* (Bruxelles) et *Messages.*

Obtient la nationalité française (souscription organisée par Ballard et les *Cahiers du Sud*).

1939. Confie à Victoria Ocampo un exemplaire du manuscrit des *Rencontres avec Chestov.*

Cahiers du Sud: ses chroniques sont publiées sous la rubrique: « La philosophie vivante ». Participe au débat créé autour du texte de J. Bénet: « Avec des cartes truquées »: « L'homme devant l'Histoire ou le bruit et la fureur ».

1940. Mobilisé (216e régiment d'infanterie à Sainte-Assise, près de Fontainebleau). Fait prisonnier, il s'évade. Repris, il est libéré pour des raisons de santé; opéré d'appendicite, il est hospitalisé au Val-de-Grâce fin septembre.
Publications dans les *Cahiers du Sud* (cahier consacré à la pensée hindoue: *Au seuil de l'Inde*) ; dans *La Revue philosophique* (« Lévy-Brühl et la métaphysique de la connaissance ») dans *Fontaine*, dans *Sur.*

1941. Février: Regagne son domicile rue Rollin.
Commence à réécrire *Ulysse.*
Hiver 41-42: écrit *Baudelaire et l'expérience du gouffre,* qui restera inachevé.

1942. Collabore à *Messages,* la revue de Jean Lescure, où il publie des fragments de la deuxième version d'*Ulysse.* Fréquente Lescure, Lupasco, Cioran, assiste à certains cours de Bachelard en Sorbonne.
Octobre: ses amis argentins tentent vainement de le faire venir en Argentine.

1943. Publie un fragment de son *Baudelaire* dans les *Cahiers du Sud*, un autre fragment dans *Domaine français,* publication de Lescure et Lachenal.
Chroniques sur Jules de Gaultier et sur Lupasco dans les *Cahiers du Sud.*
Travaille à son poème: *Le Mal des fantômes* (dont le titre sera choisi pour désigner l'œuvre poétique tout entière) et à *L'Exode.*

1944. Son dernier texte philosophique *Le Lundi existentiel et le Dimanche de l'Histoire* est remis aux éditions

Gallimard qui le publieront en **1945** dans *L'Existence*, volume dirigé par Jean Grenier.

Le **7 mars**, il est arrêté par la police française, en même temps que sa sœur Line. Ils sont internés à Drancy. Suite à différentes démarches, Fondane est autorisé à sortir du camp. Mais il refuse de quitter Drancy sans sa sœur, Line, qui est encore citoyenne roumaine. Ils sont déportés à Auschwitz le **30 mai** (l'avant-dernier convoi de Drancy n° 75).

Le **2** ou le **3 octobre**, Fondane est assassiné dans la chambre à gaz d'Auschwitz-Birkenau.

Bibliographie

Œuvres en langue française de Benjamin Fondane

Trois Scenarii – Ciné-poèmes, Documents internationaux de l'esprit nouveau, Bruxelles, 1928 (voir *Écrits pour le cinéma*).

Ulysse, Bruxelles, Cahiers du Journal des Poètes, 1933 (voir *Le Mal des fantômes*).

Rimbaud le voyou, Denoël, 1933 ; rééd. Plasma, 1979 ; Complexe, 1989.

La Conscience malheureuse, Denoël, 1936 ; rééd. Plasma, 1979. À paraître Verdier/poche en coédition avec Non lieu.

Titanic, Bruxelles, Cahiers du Journal des Poètes, 1937 (voir *Le Mal des fantômes*).

Faux Traité d'esthétique – Essai sur la crise de réalité, Denoël, 1938 ; rééd. Plasma, 1980 ; Paris-Méditerranée, 1998. À paraître Verdier/poche en coédition avec Non lieu.

Baudelaire et l'expérience du gouffre, Seghers, 1947 ; rééd. Seghers, 1971 ; Complexe, 1994.

L'Exode – Super flumina Babylonis, La Fenêtre Ardente, 1965 (voir *Le Mal des fantômes*).

Le Mal des fantômes, Plasma, 1980 ; rééd. précédé de *Paysages* (poèmes traduits du roumain par Odile Serre),

Paris-Méditerranée/L'Éther Vague, 1996; Verdier/poche en coédition avec Non lieu, 2006.

Rencontres avec Léon Chestov, Plasma, 1982.

Écrits pour le cinéma – Le muet et le parlant, précédés de *Trois Scenari – Ciné-poèmes*, Plasma, 1984. À paraître Verdier/poche en coédition avec Non lieu.

Le Festin de Balthazar – Auto-sacramental, Arcane 17, 1985.

Le Lundi existentiel et le Dimanche de l'Histoire, Éditions du Rocher, 1989.

Au seuil de l'Inde, Fata Morgana, 1994.

Constantin Brancusi, Fata Morgana, 1995.

L'Écrivain devant la révolution – Discours non prononcé au congrès international des écrivains de Paris (1935), Paris-Méditerranée, 1997.

L'Être et la Connaissance – Essai sur Lupasco, Paris-Méditerranée, 1998.

Images et Livres de France, traduit du roumain par Odile Serre, Paris-Méditerranée, 2002.

Principales études critiques

Documents

Le voyageur n'a pas fini de voyager, Patrice Beray et Michel Carassou (éd.), Paris-Méditerranée/L'Éther Vague, 1996; Verdier, coll. l'Éther Vague, 2002.

Fondane-Maritain – Correspondance de Benjamin et Geneviève Fondane avec Jacques et Raïssa Maritain, Paris-Méditerranée, 1997.

Benjamin Fondane et les Cahiers du Sud. Correspondance, éd. de la Fondation culturelle roumaine, 1998.

Fundoianu/Fondane et l'avant-garde, Petre Raileanu et Michel Carassou (éd.), coédition Fondation culturelle roumaine (Bucarest) et Paris-Méditerranée (Paris), 1999.

Essais

Monique Jutrin, *Benjamin Fondane ou le périple d'Ulysse*, Nizet, 1989.

Jad Hatem, *Semer le Messie selon Fondane poète,* La Part de l'Oeil, 2003.

Olivier Salazar-Ferrer, *Benjamin Fondane*, Oxus, 2004.

Patrice Beray, *Benjamin Fondane, au temps du poème*, Verdier/Les Amis de l'Éther Vague, 2006.

Actes de colloques

Actes du colloque Fundoianu-Fondane, dans *Anuar de linguistica si istorie literara*, Jassy, 1994-1995, tome XXXIV (dir. Dan Manuca et Remus Zastroiu).

Rencontres autour de Benjamin Fondane, poète et philosophe, actes du colloque de Royaumont édités par Monique Jutrin, Parole et Silence, 2003.

Une poétique du gouffre – Sur Baudelaire et l'expérience du gouffre de Benjamin Fondane, actes du colloque de Cosenza, présentation de Monique Jutrin et Gisèle Vanhese, Rubbettino, 2004.

Revues

Cahiers du Sud, 1947, n° 283.

Non Lieu (dir. Michel Carassou), 1979, n°s 2-3.

Cardozo Studies in Law and Literature, vol. 6, n° 1 (dir. Eric Freedman), 1994.

Cahiers Benjamin Fondane, n°s 1 à 9, 1997-2006, précédés du *Bulletin*, n°s 1 à 6, 1994-1996, Société d'études Benjamin-Fondane (www.fondane.org), Paris, Kfar-Saba, Israël

Europe, n° spécial 827 (dir. Monique Jutrin), mars 1998.

Euresis, numéro spécial consacré à Fundoianu-Fondane (dir. Mircea Martin), Bucarest, 1999-2000.

Acanthe, numéro spécial (dir. Jad Hatem). Beyrouth, Université de Saint-Joseph, 2002.

Seine et Danube, numéro spécial (dir. Mircea Martin), 2004.

Table des matières

Ulysse

Le mal des fantômes

Titanic

L'exode
Super flumina Babylonis

Au temps du poème

Collection Verdier/poche

Les décisions doctrinales du Grand Sanhédrin réuni sous les auspices de Napoléon le Grand

Le Dit de Hôgen. Le Dit de Heiji

Le Dit des Heiké

Le Dit de Heichû

Jacob ben Isaac Achkenazi de Janow
Le Commentaire sur la Torah

Mohammad Ali Amir-Moezzi
Le Guide divin dans le shi'isme originel

Philippe Artières et Dominique Kalifa
Vidal, le tueur de femmes

Paul Audi – Rousseau : une philosophie de l'âme

Paul Audi – Créer. Introduction à l'est/éthique

Paul Audi – L'Affaire Nietzsche

Paul Audi – Analyse du sentiment intérieur

Bashô – Friches

José Bergamín – La Solitude sonore du toreo

Pierre Bergounioux – Les Forges de Syam

Dominique Blanc et Daniel Fabre – Le Brigand de Cavanac

Jean Bollack – Parménide

François Bon – Paysage fer

Giuseppe Bonaviri – Le Murmure des oliviers

David Bosc – La Claire Fontaine

Patrick Boucheron – Léonard et Machiavel

Pierre Brunel – Ce *sans-cœur* de Rimbaud

Varlam Chalamov – Les Années vingt

Varlam Chalamov – Récits de la Kolyma

Béatrice Commengé – La Danse de Nietzsche

Didier Daeninckx – Cannibale / Le Retour d'Ataï

Silvio D'Arzo – Maison des autres

Miguel Delibes – Cinq heures avec Mario

Miguel Delibes – Les Saints Innocents

Michèle Desbordes – La Robe bleue

Iouri Dombrovski – Le singe vient réclamer son crâne

Josy Eisenberg, Adin Steinsaltz – Le Chandelier d'or

Benjamin Fondane – Le Mal des fantômes

Benjamin Fondane – Écrits pour le cinéma

Armand Gatti – Le Poisson noir. Un homme seul

Carlo Ginzburg – Le Juge et l'Historien

Carlo Ginzburg – Mythes emblèmes traces

Benoît Goetz – La Dislocation

Nikolaï Gogol – Les Âmes mortes

Hâfez de Chiraz – Le Divân

Rabbi Haïm de Volozine – L'Âme de la vie

Jean-Baptiste Harang – Prenez un coq
Hugo von Hofmannsthal – Le Lien d'ombre
Hugo von Hofmannsthal – Jedermann
Youssef Ishaghpour – La Miniature persane
Youssef Ishaghpour – Le Cinéma
Jacques Laurans – Pierre Soulages, trois lumières
Annie Le Brun – Appel d'air
Alain Lercher – Les Fantômes d'Oradour
Benny Lévy – Lévinas. Dieu et la philosophie
Benny Lévy – L'*Alcibiade*. Introduction à la lecture de Platon
Benny Lévy – Le *Phédon*. Philosopher en présence de la mort
Julio Llamazares – Lune de loups
Julio Llamazares – La Pluie jaune
Maïmonide, Rachi, Rabbénou Yona,
le Maharal de Prague, Rabbi Haïm de Volozine
Commentaires du *Traité des Pères*
Jean-Yves Masson – Hofmannsthal.
Renoncement et métamorphose
Jean-Yves Masson – L'Isolement
Maurice Merleau-Ponty – Le Primat de la perception
Henri Meschonnic – Célébration de la poésie
Henri Meschonnic – Critique du rythme
Henri Meschonnic – Poétique du traduire
Jules Michelet – La France devant l'Europe
Pierre Michon – Vie de Joseph Roulin
Pierre Michon – Le roi du bois
Pierre Michon – Dieu ne finit pas
Pierre Michon – L'Empereur d'Occident
Pierre Michon – Fie-toi à ce signe
Pierre Michon – Je veux me divertir
Jean-Claude Milner – De l'école
Jean-Claude Milner – L'Amour de la langue
Jean-Claude Milner – Les Noms indistincts
Jean-Claude Milner – Le Périple structural
Jean-Claude Milner, François Regnault – Dire le vers
Alain Montcouquiol – Recouvre-le de lumière
Stéphane Mosès – Système et révélation
Nahmanide – La Dispute de Barcelone
Jan Patočka – Essais hérétiques
Mathieu Riboulet – Le Regard de la source
Mathieu Riboulet – Quelqu'un s'approche
Jean-Pierre Richard – Nausée de Céline
Jean-Pierre Richard – Chemins de Michon
Mario Rigoni Stern – Histoire de Tönle
Rainer Maria Rilke – Chant éloigné

Rainer Maria Rilke – Requiem
Olivier Rolin – Sibérie
Judith Schlanger – La Mémoire des œuvres
Gershom Scholem – Sabbataï Tsevi
Annemarie Schwarzenbach – Nouvelle lyrique
Richard Sennett – La Conscience de l'œil
Pierre Silvain – Julien Letrouvé colporteur
Bernard Simeone – Cavatine
Giani Stuparich – L'Île
Giacomo Todeschini – Richesse franciscaine
Vladimir Toporov – Apologie de Pluchkine
Vladimir Toporov – L'Espace négatif de Krzyzanowski
Emmanuel Venet – Ferdière, psychiatre d'Antonin Artaud
Gérard Wajcman – L'Objet du siècle
Guy Walter – Un jour en moins
William Butler Yeats – Derniers poèmes

Cet ouvrage a été achevé d'imprimer en octobre 2018
dans les ateliers de Normandie Roto Impression s.a.s.
61250 Lonrai
Nº d'imprimeur : 1804239
Dépôt légal : 2006

Imprimé en France